AF268112

VIE

DE

MARIE-ANGE

PROPRIÉTÉ DE L'AUTEUR.

Béziers. — Imp. J. DELPECH, au St-Esprit.

VIE

DE

MARIE-ANGE

NÉE A LIGNAN PRÈS BÉZIERS

Précédée d'une Introduction

ET SUIVIE

de la Vie de M. CHABOUD

SON CURÉ ET CONFESSEUR

ET DE LA

Vie de M. JULIEN

ANCIEN CURÉ DE CAZOULS - LES - BÉZIERS

AVEC DES RÉFLEXIONS DIVERSES

La fausseté ne se trouve point
où habitent la vérité et le feu de
la charité divine.
(Rével. de Ste BRIGITE.)

BÉZIERS

1862

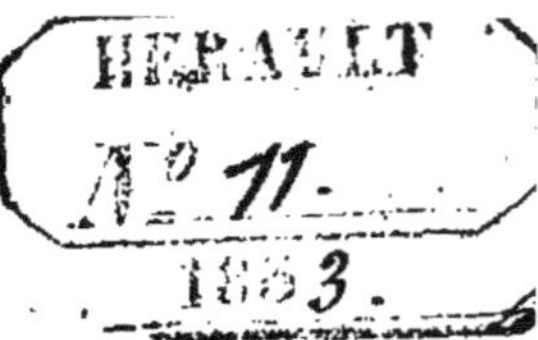

A SA MAJESTÉ

L'Impératrice des Français.

Connaissant votre piété, votre foi en notre sainte religion , vos désirs et souhaits pour la solution romaine qui touche de près à l'exaltation et au triomphe de l'Église , je prends la liberté de vous adresser la vie de Marie-Ange que je n'ai pas encore livrée au public.

J'ai cette confiance que lorsque vous aurez lu cette vie merveilleuse et surtout les billets que Marie-Ange a écrits en 1816 , 1817 et 1818 , et qui sont à la Congrégation des saints

Rites , à Rome , depuis trente-huit ans , vous reconnaîtrez encore davantage que la mission que votre bien-aimé époux , l'Empereur Napoléon III , remplit à l'égard de l'Italie et du Saint-Siége , est une mission divine.

Veuillez bien , Madame , protéger cet opuscule qui est l'expression de la vérité ; soyez persuadée alors que Dieu vous comblera de ses plus amples bénédictions , ainsi que notre Souverain Napoléon III , votre époux , et le Prince Impérial , votre fils.

Je suis , avec le plus profond respect ,

Madame ,

De Votre Majesté ,

Le très-humble et très-fidèle sujet ,

Martel.

DÉCLARATION DE L'AUTEUR.

Je déclare soumettre humblement et de cœur tout ce que j'ai écrit sur ces trois Vies, à l'examen des juges de la foi, NN. SS. les Évêques, mais surtout au jugement infaillible du Très-Saint Vicaire de Notre-Seigneur Jésus-Christ, notre Saint-Père le Pape, que je vénère comme la règle vivante de toute vérité et l'organe de l'Esprit Saint. Je rejette et je condamne d'avance tout ce qu'il rejetterait et condamnerait, et je promets de ne regarder comme bon, vrai et venant de Dieu que ce que Sa Sainteté regarderait comme tel.

MARTEL, **médecin**.

Cazouls-lès-Béziers, le 22 février 1861.

QUELQUES RÉFLEXIONS

Qui pourront servir d'Introduction à la Vie de MARIE-
ANGE pour la bien com-
prendre et la lire avec fruit.

I. Je n'ai pas écrit cette vie pour être jugé par les sots et les vains esprits. Je n'ai pas écrit aussi pour les personnes qu'une passion mauvaise guide et qui sont déterminés à ne pas l'abandonner. J'écris pour les personnes éclairées et sages, pour celles surtout qui ont la bonne volonté de chercher avant tout la vérité et qui, avant de me juger, voudront bien examiner si les faits que j'avance sont faux et mensongers, si les témoignages que je produis peuvent être détruits ou du moins infirmés par d'autres témoignages.

II. Je sais que des critiques outrés, reconhaissant le merveilleux de la Vie des Saints , le réduisent à rien par les règles qu'ils imaginent pour discerner le vrai d'avec le faux , comme ceux qui , faisant profession de croire dans l'Église une autorité infaillible , la font dépendre de tant de conditions , qu'ils pourraient toujours soutenir que l'Église dispersée ou assemblée n'a rien décidé contre leurs erreurs. Ces critiques outrés suivent les avertissements sur la Vie des Saints de Baillet , qui n'admet que les miracles appuyés sur de bonnes autorités ; miracles qu'il expose en des termes qui ne marquent que de l'incertitude pour ne dire rien de plus. J'écris aussi pour ces critiques , car les faits que j'avance ne se sont pas passés , il y a 200 ans , il y a 100 ans , mais seulement il y a 45 ans ; beaucoup de personnes du village de Lignan et des environs vivent encore et peuvent bien rendre témoignage de ce qu'ils ont vu , connu et entendu, et on doit les croire , à moins de preuve contraire. Comment pourrait-on affirmer que ces faits , ces témoignages sont absolument faux et ne doivent être regardés que comme des fables indignes de croyance ? Il faudrait donc détruire cette maxime si judicieuse et si universellement reçue dans le monde, que les faits qui n'ont rien d'incroyable en eux-mêmes ne se nient point quand ils sont bien prouvés. Il faudrait nier également tout ce qui est rapporté dans l'histoire ecclésiastique et profane, avoir pour principe de ne croire que ce que l'on voit, de refuser d'aller vérifier les faits contemporains et d'ajouter même foi au témoignage des honnêtes gens avec lesquels on vit. Or, voilà ce qui achève de prouver et ce qui doit convaincre tout homme de bon sens, que la prévention contre le merveilleux de la Vie des Saints est déraisonnable; ce n'est pas la qualifier suffisamment : elle est insensée, elle est ridicule, elle est téméraire et de plus, elle est dangereuse.

III. On serait très-dangereusement crédule si l'on recevait des miracles faux et trompeurs, qui ne tendent qu'à séduire l'esprit et à corrompre la foi. Nous sommes avertis dans l'Évangile qu'il paraîtra de faux Christs et de faux Prophètes, qui feront des choses extraordinaires et si prodigieuses, que les élus mêmes, si cela se pouvait, y seraient trompés. *(Math. 24, 24.)* Le père des mensonges a souvent inspiré aux hérétiques de produire des miracles, qu'ils soutenaient avoir été opérés par les gens de leur parti, vivants où morts, d'où ils concluaient que Dieu autorisait leur doctrine. L'histoire ecclésiastique en fournit plusieurs exemples et il y en a d'assez récents. Mais Jésus-Christ nous a donné une règle sûre et infaillible pour éviter la contagion, c'est d'écouter l'Église *(Math. 18, 17. Luc, 10, 16.)*; c'est de croire que nulle personne révoltée contre l'Église ne fera jamais aucun vrai miracle favorable à sa secte, quelque apparence d'austérité, de piété, de charité, de sainteté que l'on observe dans sa conduite; c'est ce que Saint Thomas *(1 part. quæst. 110, art. 4 et 2-2 quæst. 178 art.)* fonde solidement sur ce principe qu'il est impossible que Dieu, qui seul peut donner le pouvoir de faire un vrai miracle, le donne jamais pour confirmer une fausse doctrine; d'où il s'en suit que tous les miracles produits par les sectaires, ne doivent être ni examinés, ni écoutés, et ne doivent passer que pour des effets purement naturels, ou pour des impostures, ou pour des prestiges et des opérations diaboliques. Par l'examen et la lecture de la Vie de Marie-Ange, l'on verra bien qu'elle n'a pas été un faux Christ, ni un faux Prophète; elle n'a pas été aussi hérétique, ni schysmatique puisqu'elle a été toujours soumise à son confesseur, le curé de

Lignan , qui était parfaitement soumis à notre Saint Père le Pape , auquel il a adressé les billets qu'avait écrits Marie-Ange sous la dictée de N. S. J.-C. et de sa divine Mère , sans en garder la moindre copie qui nous aurait bien servi pour écrire la Vie de cette Sainte Fille.

IV. Mais j'écris surtout pour des esprits éclairés , catholiques , qui sont néanmoins absorbés dans leurs idées , intolérants à l'égard de toute opinion qui ne s'incline pas devant la leur, injustes même parfois dans leurs jugements touchant les hommes chers aux cœurs catholiques , admirateurs quand même du passé , censeurs absolus du présent et pour qui la modération est toujours une faiblesse et la conciliation une sorte d'apostasie. J'ai cette confiance qu'ayant lu avec attention et réflexion les faits et les témoignages simples mais sincères , impassibles et désintéressés que j'ai relatés dans mon livre , ils ne pourront s'empêcher de les considérer vrais et irrécusables , ne pouvant prouver leur fausseté. J'ai aussi cette confiance que lorsqu'ils auront bien examiné les billets écrits, pendant trois années consécutives , par Marie-Ange et qu'ils auront bien réfléchi : 1° comment elle a pu les écrire , sans savoir écrire , sans voir ce qu'elle écrivait ; et 2° comment elle , jeune paysanne, sans instruction , issue de parents les plus simples du monde , a pu écrire des choses si relevées , simples et sublimes comme nos livres Saints ; 3° comment elle a pu écrire dans ces billets les conseils que donnait , en l'année 1817 , N. S. J.-C. à notre Saint-Père le Pape Pie VII , savoir : de renvoyer le cardinal Gonsalvi , parce qu'il tenait plutôt pour l'Autriche que pour la France, j'ai donc aussi cette confiance qu'ils ne pourront s'empêcher de reconnaître et de croire que ces billets ont été dictés à Marie-Ange par N. S. J.-C. et sa divine Mère , ainsi qu'il est inscrit sur chaque billet , et qu'alors ces esprits éclairés et catholiques ne seront plus absorbés dans leurs idées , ni intolérants pour ceux qui ne pensent pas comme eux , qu'ils ne seront plus admirateurs quand même du passé, censeurs du présent, qu'ils ne considèreront plus la modération comme une faiblesse ni la conciliation comme une sorte d'apostasie , et qu'étant toujours très-favorables à N. S. Père le Pape , comme tous les vrais catholiques nous devons l'être , ils le seront aussi à notre Empereur, notre Souverain , dont les paroles sont douées d'une intelligence si élevée et d'un coup d'œil si net sur les fonds des choses, qu'il domine actuellement le monde, non-seulement par ses baïonnettes, mais par sa loyauté, son équité et sa religion.

V. Mais pour bien écrire avec plus de vérité et de certitude la Vie de Marie-Ange, il nous faudrait avoir sous les yeux et pouvoir communiquer au lecteur ces billets que M. Chaboud, curé de Lignan, son père spirituel, a envoyés, en 1825, à la sacrée Congrégation des Rites, à Rome ; ils serviraient de pièces justificatives et permettraient de juger avec plus de connaissance de cause les faits et choses extraordinaires que j'ai relatés dans mon livre, tels que la conception et la naissance miraculeuse de Marie-Ange ; ce que N. S. J.-C. dit d'elle : *Qu'elle est la figure de l'Église et la véritable épouse des cantiques ;* ce que prescrit N. S. J.-C. à son père spirituel, figure de N. S. Père le Pape, pour bien conduire cette véritable épouse des cantiques, etc.; choses extraordinaires que je n'ai pu rendre dans tous leurs détails et que je n'ai pu relater telles qu'elles sont, ne les tenant que de ce que j'ai vu où entendu d'elle, de M. Chaboud, son père spirituel, et des témoins. C'est pourquoi, avant d'écrire la Vie de Marie-Ange, j'ai écrit, le 20 avril 1859, à Mgr Capalti, alors secrétaire de la sacrée Congrégation des Rites, à Rome, pour lui demander si, dans l'année 1825, la sacrée Congrégation n'a pas reçu une petite cassette contenant des billets dictés par N. S. J.-C. et la Sainte Vierge, à une fille nommée Marie-Ange, née dans un village nommé Lignan, près Béziers, département de l'Hérault (France), etc. Ne recevant pas de réponse, j'écrivis à Son Éminence le cardinal Patrisi, préfet de la sacrée Congrégation des Rites. Voici la copie de cette lettre : Éminence, j'ai écrit, il y a un mois, à Mgr Capalti, secrétaire de la Congrégation des Saints Rites, pour lui demander si, vers l'année 1825, cette sacrée Congrégation n'avait pas reçu une petite cassette contenant des billets dictés par N. S. et la Sainte Vierge, à une fille d'un village près de Béziers, nommé Lignan, département de l'Hérault (France). Je n'ai pas encore reçu de réponse. Dans ces billets, N. S. J.-C. avertit N. S. P. le Pape Pie VII de ne pas suivre les conseils de son secrétaire d'état le cardinal Gonsalvi, qui tenait plutôt pour l'Autriche que pour la France. Peut-être que N. S. P. le Pape Pie IX aimerait beaucoup connaître, dans les circonstances actuelles, les conseils de N. S. J.-C.; et pour que Notre Souverain Pontife soit persuadé que réellement N. S. a dicté ces billets, il n'a qu'à se les faire lire et il y verra aussi que N. S. P. le Pape Pie VII connaissait par révélation l'existence de Marie-Ange et sa mission divine, que désirant la voir, notre divin maître lui en avait donné le portrait ainsi que celui de M. le curé de Lignan, son père spirituel, et que considérant ces portraits il disait : O bien heureux Antoine Chaboud, je voudrais changer ma place avec la tienne. Ces portraits doivent être au Vatican parmi les tableaux que N. S. P. Pie VII y a légués. Ne recevant aucune réponse de Mgr Capalti ni de son Éminence le cardinal Patrisi, étant toujours persuadé que ces billets n'avaient d'autre but que l'exaltation et le triomphe de notre sainte Église, j'adressai alors à N. S. P. le Pape une supplique qui lui fut présentée par une dame de Béziers dans une audience qu'elle eut avec le Saint Père, au mois de décembre 1859. Dans cette supplique, j'exposais à Sa Sainteté : Que dans le village de Lignan, près de Béziers, avait vécu une pieuse paysanne issue de parents simples et pieux, morte en odeur de sainteté, le 18 novembre 1818, qui, pendant les années 1816, 1817 et une partie de 1818, avait écrit des billets sous la dictée de N. S. J.-C. et de sa divine

Mère , que son curé et père spirituel avait envoyés , en 1825 , à la sacrée Congrégation des
Saints Rites , à Rome. J'ajoutais : Que dans
ces billets il y a des choses si extraordinaires et que la vie de cette pieuse paysanne a été
si merveilleuse , que je suppliais N. S. P. le
Pape d'en obtenir la glorification. Cette dame ,
après avoir présenté cette supplique , pria Sa
Sainteté de vouloir bien en prendre lecture et
Sa Sainteté lui répondit qu'il la lirait. Ayant
attendu assez longtemps la réponse à cette supplique et n'en recevant aucune , j'écrivis alors
à M. l'abbé Guglielmy, prêtre et avocat romain,
docteur en droit civil et en droit canon , et actuellement directeur de l'agence ecclésiastique
et religieuse , rue du Bac, 57, Paris, afin
qu'il voulut bien nous obtenir de la sacré Congrégation des Rites les billets que M. Chaboud
lui avait envoyés en 1825 , et dont il en avait
eu le reçu. M. l'abbé Guglielmy me répondit le
8 août 1861 , qu'il me serait absolument impossible de recouvrer ces billets. Plus tard , je
me suis déterminé , d'après l'invitation qui
m'en fut faite par M. Decellier , curé de Lignan,
a écrire la Vie de Marie-Ange , avec une notice
de la Vie de M. Chaboud, son curé et père
spirituel , et une autre notice de la Vie de

M. Julien , ancien curé de Cazouls-lès-Béziers, que je fis imprimer en l'année 1861 , à Béziers. L'impression terminée , voulant alors en envoyer un exemplaire à la Sainte Congrégation de l'*Index*, je l'adressai au chanoine Mausella, secrétaire du cardinal Amat (M. l'abbé Guglielmy m'ayant donné l'adresse de ce chanoine) pour qu'il voulut bien le soumettre au jugement de cette Sainte Congrégation., et par ce moyen faire connaître les billets que Marie-Ange avait écrits. M. le chanoine Mausella me répondit, le 16 octobre 1861, qu'il avait reçu ma lettre datée du 11 du mois courant avec mon opuscule sur la vie d'une personne de nos contrées ; qu'il avait lui-même apporté cet opuscule au secrétaire de la sacrée Congrégation de l'Index , le priant de faire son possible pour obtenir au plutôt le jugement de cette Congrégation sur ce livre. Il ajoutait que ce secrétaire lui avait dit de revénir dans quinze ou vingt jours et qu'alors il lui en ferait connaître le résultat. Voici ce que l'abbé Guglielmy m'écrit le 25 octobre 1861 : Monsieur, mon ami de Rome m'a écrit qu'il avait reçu votre livre ; soyez assez bon d'attendre l'oracle de la Congrégation par moi-même. Voici ce qu'il m'écrit le 24 décembre 1861 : Monsieur le docteur , le secrétaire de Son Éminence le cardinal Amat m'a écrit que la Congrégation de l'Index a renvoyé votre livre à la Congrégation des Rites et qu'il attendait chaque jour une réponse de cette dernière pour me la communiquer. Aussitôt que votre livre et la réponse de Rome seront arrivés, je m'empresserai de vous les transmettre l'un et l'autre. Voici sa lettre du 2 janvier 1862 : Monsieur le docteur, votre livre marche par toutes les congrégations de Rome ; celle des Rites l'a renvoyée une autre fois à la Congrégation de l'Index. Je partirai le 15 pour Rome et je désire vous être utile dans ce nouveau voyage ; aussi vous pouvez m'employer en toute confiance. Dans sa lettre du 10 janvier 1862, il m'écrit : Monsieur le docteur, dans le mois de février sortira et sera publié le jugement de la sacrée Congrégation sur votre livre, je m'empresserai alors de vous le faire connaître. Enfin, le 1er mai 1862, il m'écrit : Monsieur le docteur, je reviens de Rome ; je suis allé deux fois avec le chanoine Mausella à la secrétairerie des Rites pour presser l'affaire, et deux fois on nous a répondu qu'il fallait attendre jusqu'à la fin du mois de mai. Rome est la ville éternelle, c'est pour cela qu'elle fait attendre. Agréez, Monsieur le docteur, l'assurance

de mon profond respect, *l'abbé Guglielmy.*
Ayant reconnu que dans la première édition
de la Vie de Marie-Ange, imprimée en 1861,
il y avait quelques erreurs, quelques suppres-
sions à faire, quelques fautes d'impression à
corriger et qu'il serait utile de mettre un avant-
propos au commencement de mon livre, pour
que le lecteur puisse en saisir plus facilement
l'esprit, je me suis déterminé à ne pas le livrer
au public et à faire une deuxième édition corrigée
et augmentée d'un avant-propos. L'impression
de cette deuxième édition étant terminée, j'en
ai donné un exemplaire à M. l'archiprêtre de
Béziers qui, après l'avoir lu avec attention,
me permit d'en donner des exemplaires à mes
amis et surtout aux prêtres, en me disant qu'il
y avait de très-belles choses dans mon livre,
mais que je ne devais pas en donner aux vains
et sots esprits, parce que ce serait jeter *Mar-*
garitas ante porcos. J'en ai donné et envoyé
des exemplaires à plusieurs prêtres et à mes
amis les plus éclairés et les plus sages, et je puis
dire que presque tous m'ont félicité de mes écrits
religieux de vive voix ou par lettres. J'en ai envoyé plusieurs exemplaires à Mgr l'évêque de
Montpellier, qui a eu la bonté de le lire en
entier. Je l'ai fait prier, il y a déjà deux mois,

de vouloir bien écrire à Rome pour obtenir de
la sacrée Congrégation des Rites les billets que
M. Chaboud, curé de Lignan, lui a envoyés en
1825. Je ne sais si Notre Vénérable évêque aura
voulu se charger de cette commission. Mais si,
par notre digne évêque, je ne puis pas obtenir
ces billets que je demande depuis plus de trois
ans à la sacrée Congrégation des Rites , je vais
faire imprimer et livrer au public ces présentes
réflexions servant d'introduction à la Vie de
Marie-Ange , ainsi que ma deuxième édition
de cette vie. Alors N. S. P. le Pape condam-
nera ces billets , en déclarant que ce n'est pas
N. S. J.-C. qui les a dictés ; et comme je l'ai
déclaré en tête de mon livre , je me soumet-
trai , en vrai fils de l'Église , à son jugement
infaillible, ou bien il ne permettra pas que ces
billets nous soient envoyés pour être rendus
publics , sans toutefois les condamner , ce qui
nous porterait bien à croire que c'est réellement
N. S. J.-C. et sa divine Mère qui les ont dictés
dans leur miséricorde à Marie-Ange et qu'ils ont
véritablement conseillé à N. S. P. le Pape
Pie VII de renvoyer le cardinal Gonsalvi qui
suivait plutôt la politique de l'Autriche que les
conseils de la France , et à croire aussi que si
alors N. S. P. le Pape avait suivi les conseils

de N. S. J.-C., l'alliance de la religion avec la liberté et la justice aurait été depuis longtemps consacrée en Italie par le Saint-Siége ; et nous n'aurions pas à déplorer les guerres et les calamités, les luttes et les conflits survenus pendant cette crise que traversent ensemble l'Église et l'Italie. Le Gouvernement français, engageant toujours N. S. P. le Pape Pie IX à devenir plutôt le soutien que l'adversaire des aspirations nationales de l'Italie, il faut espérer et avoir cette confiance que Notre Souverain Pontife sera persuadé que c'est bien ce que N. S. J.-C. voulait obtenir de N. S. P. le Pape Pie VII, lorsqu'en 1817 il fut conseillé de renvoyer le cardinal Gonsalvi qui tenait plutôt pour l'Autriche que pour la France ; nul doute qu'alors N. Ste Église et N. S. P. le Pape qui en est le chef ne soient exaltés, que leurs droits ne leur soient rendus, que les abus de la révolution ne soient détruits, les anciens usages ne soient remis en vigueur, et que la religion, du moins à quelques égards, ne devienne plus florissante que jamais.

VI. La Vie de Marie-Ange est si extraordinaire qu'elle a du être annoncée longtemps avant sa naissance. D'abord, dans le III chapitre, verset 14, des prophéties de Jérémie, Dieu dit : Je me suis choisi une épouse parmi vous ; et j'en choisirai d'entre vous , un d'une ville , et deux d'une nation et je vous ferai entrer dans Sion (abrégé de l'histoire et de la morale de l'ancien Testament , tome X , page 378). Et dans le chapitre XXXI , verset 22 des mêmes prophéties , Dieu dit en parlant des derniers temps : Je vais vous donner un signe nouveau, une femme environnera un homme. Qu'elle sera cette épouse , qu'elle sera cette femme ? Ne serait-ce pas Marie-Ange qui est la figure de l'Église, la véritable épouse des Cantiques , la Jérusalem céleste descendant du ciel d'après ce qui est écrit dans le XXI chapitre et le verset 2 de l'apocalypse de Saint-Jean.

VII. La Sœur de la Nativité dans ses révélations a annoncé aussi Marie-Ange. Lorsqu'elle a dit : Je vis comme dans un même cadre l'Église entière de J.-C., et les trois personnes de l'adorable Trinité ; le Père et le Fils étaient assis , et devant eux l'Église paraissait à genoux sous la forme d'une Vierge de toute beauté ; l'Esprit Saint étendait ses ailes et répandait ses rayons sur la Vierge et les deux autres personnes ; cette Vierge présentait un grand calice à demi plein de sang à N. S. J.-C., et était environnée d'un nombre infini de chrétiens généreux qui paraissaient tous ses enfants, tant ils avaient d'amour et de respect pour elle. Ils étaient disposés à sacrifier leur vie et brûlaient de répandre leur sang pour les dogmes de notre Sainte Religion. La sœur de la Nativité ajoute qu'elle entendit J.-C. dire à son père en lui présentant ce calice avec un air gracieux : Je ne serai content que quand je vous l'offrirai tout à fait rempli. La sœur de la Nativité, en dépeignant la grâce et la majesté de cette Vierge, le vif éclat de ses yeux pleins d'amour, la douceur, la modestie de sa figure, ajoute : On me dit que c'était *la vraie épouse des Cantiques*. Eh bien ! les billets dictés à Marie-Ange par N. S. J.-C. et notre divine Mère disent que Marie-Ange est la figure de l'Église, la véritable épouse des Cantiques. Il y est écrit aussi, que le matin du jour de la fête de l'Ascension de l'année 1817, Marie-Ange offrit et présenta à N. S. J.-C un calice à demi-plein de sang. Ne pourrait-on pas dire aussi que la sœur de la Nativité, en parlant de cette Vierge environnée d'un nombre infini de chrétiens généreux, a vraiment désigné Marie-Ange et a annoncé sa mission.

VIII. Anne-Catherine Emmerich, dans ses méditations sur la douloureuse passion de

N. S. J.-C., dit que pendant sa flagellation Saint Joseph lui apparut et lui fit un long et touchant tableau de la naissance, du développement de l'Église avec des comparaisons enfantines. Elle ajoute : Ce qu'il me dit était plein d'intérêt, mais j'en ai oublié la plus grande partie.

IX. La Sainte Vierge a apparu, sur la montagne de la Salette, aux deux enfants Maximin et Mélanie, vêtue exactement comme était Marie-Ange. Elle apparut avec une coiffe basse sur le devant et relevée sur le derrière, des bas, un tablier sur sa robe, un fichu noué derrière le dos et portant des chaînes en or. Ne pourrait-on pas dire que la Sainte Vierge a voulu alors honorer Marie-Ange, sa fille bien-aimée ?

X. L'époque de la naissance de Marie-Ange a quelque chose de remarquable. Elle est née le 2 octobre 1799. Bientôt après la religion fut rétablie en France, les prêtres exilés rentrèrent dans leurs diocèses et le général Russe Souvarof opérait la marche la plus rapide qui se soit jamais vue pour venir, du fond des steppes de la Russie, aider les cardinaux à donner librement un successeur à Pie VI. On pourrait bien dire que la naissance de Marie-

Ange a été dans les desseins de Dieu l'aurore de jours plus sereins et plus calmes. Elle est venue au monde longtemps après la sœur de la Nativité qui naquit, en 1751, à l'ouest de la France; longtemps après Anne-Catherine Emmerich, qui naquit en 1774, au nord; après le curé d'Ars, né à l'est en 1788. Marie-Ange a vu le jour dans un petit village de 300 âmes nommé Lignan, près de Béziers, ville qui se trouve dans le plus beau pays du Midi de la France. Sa charmante situation et son beau climat a fait dire dans le dictionnaire de géographie: *Si Deus in terris vellet habitare, Biterris*. Jusqu'à l'âge de quinze ans, sa vie a été cachée en Dieu; son confesseur, curé de Lignan, ne l'a connue, même après sa première communion, que comme une fille candide, innocente; mais en 1814, époque où la paix nous fut donnée, après de si longues guerres, alors que le matérialisme était répandu dans tout l'univers et que la foi au surnaturel était tout à fait éteinte, sa vie devint publique et fut connue de tout l'arrondissement de Béziers.

XI. La Vie de Marie-Ange ayant été publique, il est facile de s'assurer si elle a été conduite par le bon esprit ou l'esprit mauvais. La règle de ce discernement n'est autre, selon le témoignage des théologiens, que celle de l'Évangile : *A fructibus eorum cognoscetis eos.* Or, il sera bien difficile à quiconque voudra prouver le contraire, de nous persuader que tout n'est pas divin dans Marie-Ange et que sa Vie n'est pas un modèle d'innocence et de simplicité. Et nous prouverons, nous, par les témoins et par toutes les personnes qui l'ont connue, qu'elle avait une figure céleste où se réflétaient toutes les vertus chrétiennes ; qu'elle avait la même douceur, la même bonté, la même charité dont Dieu avait paré la divine Marie ; qu'elle a conservé, au milieu de toutes les faveurs célestes, la tranquillité, la paix de l'âme et a excellé dans l'humilité, la pauvreté, l'obéissance ; qu'elle a souffert dans son corps, pendant trois ans, les douleurs les plus affreuses qui peuvent attaquer la tête, le bas ventre et la poitrine, et qu'elle est morte à l'âge de 19 ans après une vie qu'on peut résumer en ces trois mots : aimer, souffrir et mourir. Elle a converti son père, ses frères, sa sœur et plus de vingt personnes de son village, dont quelques-unes sont mortes en odeur de sainteté. Elle a ramené à Dieu d'autres personnes des villages environnants, qui ont donné et donnent encore l'exemple des vertus chrétiennes. Elle connaissait les pensées intérieures et a annoncé un grand nombre d'événements présents et futurs, dont une partie s'est accomplie comme elle l'avait dit. Elle a découvert l'action du démon chez deux filles de Lignan qui voulaient l'imiter et passer pour saintes aux yeux du public et de M. le curé de ce village. Le démon l'a frappée plusieurs fois et, avant sa mort, il lui a soulevé trois côtes. Enfin, elle s'est conduite de manière que personne de Lignan, ni des environs, n'a pu l'accuser d'avoir fait le moindre péché véniel. Et Marie-Ange ne serait pas venue au monde pour une mission providentielle de Dieu !

XII. En 1816, Marie-Ange commença à écrire, sous la dictée de N. S. J.-C., des billets où sa naissance merveilleuse et sa mission divine sont bien marqués et qui témoignent qu'elle est la figure de l'Église, la véritable épouse des Cantiques. Bientôt après Dieu lui inspira de se choisir douze personnes pour constituer sa confrérie. Ces douze personnes étaient : 1º M. Chaboud, son curé et son confesseur ; 2º M. Jullien, curé de Cazouls ; 3º M. Henry, instituteur de Lignan ; 4º M. Martel, médecin de Cazouls ; 5º la sœur Gout, institutrice de Lignan ; 6º Mlle Marie Gély, sœur de M. le Maire de Lignan ; 7º Mlle Marie-Anne Dufil, sa cousine ; 8º Mlle Marie Blanc, domestique de M. le Maire de Lignan ; 9º Mlle Victoire Vialas ; 10º Mlle Élisabeth Layssac ; 11º Marie Roudiés ; 12º Mlle Jeannette Henry, toutes quatre ses amies. Il ne faut pas oublier que Marie-Ange a annoncé qu'une grande sécheresse règnera après la mort de la dernière de ces douze personnes.

XIII. En 1817, la clef de l'armoire de Marie-Ange fut vue au plancher de sa chambre, changeant souvent de position, tantôt horizontale, tantôt perpendiculaire, tantôt oblique, sans être en aucune manière attachée au plancher et y resta quarante jours au vu et au su de tout le monde du village. Cette clef mystérieuse fut vue, après ces quarante jours, sur la porte du tabernacle de l'église de Lignan, placée obliquement sur le marbre de cette porte. Elle y resta huit jours et fut remise après ce temps par M. le curé, accompagné de M. Martel, médecin de Cazouls, dans la serrure de Marie-Ange. Cette clef annonce bien que cette fille doit accomplir une grande mission sur la terre. Qui pourrait assurer que ce ne soit pas la clef de la grande antienne O, que l'on chante avant le *Magnificat*, le 20 décembre, avant la fête de Noël : *O Clavis David et sceptrum domûs Israël, qui aperis et nemo claudit; claudis et nemo aperit, veni et educ vinctum de domo carceris, sedentem in tenebris et umbrâ mortis.* Qui pourrait assurer aussi que Marie-Ange n'est pas cet ange dont parle Saint Jean, dans l'épître de la Messe de la fête de la Toussaint, et le même ange que vit M. Jullien, curé de Cazouls, au moment même que Marie-Ange rendait son âme à Dieu, le 18 novembre 1818, venant et montant de Lignan vers Cazouls, d'où il se dirigea vers le ciel. *Ecce ego Joannes vidi alterum angelum ascendentem ab ortu Solis, hâbentem signum Dei vivi; et clamavit voce magnâ quatuor angelis, quibus datum est nocere terrœ et mari dicens : Nolite nocere terrœ et mari, neque arboribus, quoadusque signemus servos Dei nostri in frontibus eorum, et audivi numerum signatorum, centum quadraginta quatuor millia signati, ex omni tribu filiorum Israël.* Tant de linges imprégnés du sang de Marie-Ange que j'ai en dépôt avec ses reliques ne pourraient-ils pas servir, un jour, pour marquer sur le front les cent quarante mille enfants d'Israël, et obtenir leur conversion annoncée dans les derniers temps du monde.

XIV. Nous sommes véritablement dans les temps prévus par Saint Paul , où les hommes , dit-il , ne souffriront point la saine doctrine , où , dans l'extrême démangeaison d'entendre ce qui les flatte , ils iront chercher une multitude de faux docteurs qui les instruiront selon leurs désirs : alors ils fermeront l'oreille à la vérité et l'ouvriront à des fables. En effet, que voyons-nous maintenant ? La charité presque étouffée par l'accroissement de l'iniquité ; la dépravation des mœurs , l'extinction de la foi dans plusieurs chrétiens , l'indifférence dans d'autres pour les vérités du salut , le mépris des règles de l'Église et des maximes de l'É-vangile. De si grands maux auxquels l'homme ne verra point alors de remède , seraient pour l'Église de Jésus-Christ et son chef visible le sujet de la plus amère douleur , si Dieu n'écoutait que sa justice et frappait tout d'un coup la terre d'anathème. Mais sa miséricorde aura réservé à la sainte Église, pour ces temps de calamité , une régénération par le ministère de Marie-Ange et du prophète Élie qui est *désigné* pour reprendre les prévaricateurs (Eccl.

48 , 10) et les impies ; attaquer l'erreur qui s'efforcera de prendre dans l'Église la place de la vérité ; amener toute la maison d'Israël à la foi de l'Évangile ; réunir par cet heureux retour les cœurs des enfants avec ceux de leurs pères les Patriarches et les Prophètes , qui ont vécu dans la foi et l'espérance en Jésus-Christ ; faire revivre dans l'Église l'esprit des temps apostoliques ; par la force de sa prédication , l'ardeur de son zèle et la multitude de ses miracles , rétablir toutes choses et arrêter la colère du Seigneur prête à éclater. (Math. 17 , 11. Eccl. 48 , 10 , Malach. ch. 14.) Si je me suis permis de dire que cette régénération de notre sainte Église sera opérée par le ministère de Marie-Ange et du prophète Élie , c'est que je ne vois pas qu'on puisse mieux expliquer les articles 14 , 15 , 16 , 17 , 18 , du chapitre troisième des prophéties de Jérémie ; car le prophète Élie est bien désigné dans le troisième chapitre ; verset 14 , du prophète Jérémie , par ces mots : *Et sumam unum de civitate ;* il n'y a dans les Saintes Écritures que ce prophète dont on ne connaisse que la ville où il est né. Le prophète Isaïe , dans le chapitre 46 , versets 11 , 12 , 13 de ses prophéties , annonce que le Sauveur que Dieu doit

envoyer ne tardera pas à venir. Il est écrit au verset 11 : Je ferai venir de l'Orient un oiseau, et d'une terre éloignée un homme qui exécutera ma volonté. *Vocans ab oriente avem et de terra longinqua virum volontatis meœ.* Le mot *avem* à qui peut-il mieux convenir qu'au prophète Élie qui fut enlevé dans les airs dans un char de feu.

XV. Où allons-nous , si Dieu ne se lève pour mettre l'ordre à la place du désordre ? Oui , nous touchons à un triomphe éclatant de l'Église. Notre Saint Père le Pape Pie IX nous l'a solennellement promis dans sa bulle *Inefabilis* qui a défini le dogme de l'Immaculée conception de Marie (8 décembre 1854), par ces paroles : « Nous attendons avec la plus ferme espérance et la confiance la plus entière que, par la puissance de la bienheureuse Vierge Marie, l'Église, notre sainte Mère, délivrée de toutes les difficultés et victorieuse de toutes les erreurs, fleurira dans l'univers entier, ramènera à la voie de la vérité toutes les âmes qui s'égarent ; de sorte qu'il n'y aura plus qu'un seul troupeau sous la conduite de l'unique pasteur. » Voici ce que dit Isaïe de de la paix universelle qui doit se répandre sur la terre avant la consommation des siècles

(Isaïe, chapitre II, versets 2, 3, 4):
« Dans les derniers temps, la montagne sur laquelle se bâtira la maison du Seigneur sera fondée sur le haut des monts, et elle s'élèvera au-dessus des collines; toutes les nations y accourront en foule. Plusieurs peuples y viendront en disant: Allons, montons à la montagne du Seigneur, et à la maison du Dieu de Jacob. Il nous enseignera ses voies et nous marcherons dans ses sentiers, parce que la loi sortira de Sion, et la parole du Seigneur de Jérusalem. Il jugera les nations et il convaincra d'erreur plusieurs peuples; et ils forgeront de leurs épées des socs de charrue, et de leurs lances des faulx. Un peuple ne tirera plus l'épée contre un peuple, et ils ne s'exerceront plus à combattre l'un contre l'autre. » Le prophète Michée se sert des mêmes images pour nous promettre les mêmes biens. Il dit (chapitre IV, versets 1, 2, 3, 4): « Mais, dans les derniers temps, la montagne, sur laquelle se bâtira la maison du Seigneur, sera fondée sur le haut des monts et s'élèvera au-dessus des collines. Les peuples y accourront et les nations se hâteront d'y venir en foule, en disant: Allons à la montagne du Seigneur et à la maison du Dieu de Jacob. Il nous ensei-

gnera ses voies et nous marcherons dans ses sentiers ; parce que la loi sortira de Sion et la parole du Seigneur de Jérusalem. Il exercera son jugement sur plusieurs peuples et il châtiera des nations puissantes jusqu'aux pays les plus éloignés. Ils feront de leurs épées des socs de charrue et de leurs lances, des instruments pour remuer la terre. Un peuple ne tirera plus l'épée contre un peuple et ils ne s'exerceront plus à combattre l'un contre l'autre. Chacun se reposera sous sa vigne et sous son figuier, sans avoir aucun ennemi à craindre. C'est ce que le Seigneur des armées a dit de sa bouche, »

« On verra en ces jours, nous dit David, la justice se lever sur la terre accompagnée de l'abondance de la paix, et son règne durera jusqu'à ce que cessent les évolutions de la lune..... Venez et voyez les œuvres du Seigneur ; admirez les prodiges qu'il a opérés sur la terre naguère si agitée ; il a rélégué les guerres jusqu'au-delà de ses confins, il rompra l'arc, il brisera les armes, il jettera au feu les boucliers. Reposez-vous donc et reconnaissez que je suis Dieu, alors que je serai glorifié par tous les peuples et exalté sur la terre entière. » (Psaume 45, que les Saints Pères disent être consacré à la sainte Église, l'épouse

Immaculée de N. S. J.-C.) Mais avant que le monde jouisse de cette paix, il est nécessaire que la désolation cesse dans le Temple Saint et que Sion pleure ses iniquités.

Voici maintenant comment Sainte Hildegarde raconte les bienfaits du cœur de Jésus répandus sur son Église (1) :

« A mesure, dit-elle, que la crainte de Dieu perdra son empire, les guerres deviendront plus fréquentes et plus cruelles ; une multitude d'hommes périra par le glaive et un grand nombre de cités seront détruites. Mais quand enfin les hommes auront été pacifiés

(1) Nous ne citerons pas ici la prophétie remarquable que cette Sainte nous a laissée dans son *Heptachronon*, où elle annonce et dans l'Église et dans l'Empire, des changements dont l'accomplissement était réservé à nos jours et qui sont déjà accomplis.

Sainte Hildegarde est la sainte peut-être dont la mission a reçu la sanction la plus éclatante. Écoutons les Bollandistes énumérant les importantes autorités qui, après un mur examen de sa personne et de ses écrits, ont déclaré que ses révélations avaient Dieu pour auteur. C'est d'abord Saint Benoît lui-même ; c'est Eugène IV, assisté du concile de Trèves ; c'est Anastase IV, Souverain Pontife ; c'est une multitude innombrable d'évêques, de docteurs, de princes, de personnes de tout rang qui visitèrent et examinèrent la Sainte pendant les trente années qui s'écoulèrent encore jusqu'à sa mort.

par ces tribulations, ils reviendront à la pratique des lois de l'Église. Alors on verra la justice et la paix établies par de si sages décrets, que les peuples, ravis d'admiration, confesseront que rien de semblable ne s'était vu jusque-là. Cette paix, dont le monde jouira avant le second avénement du Fils de Dieu, figurée par celle qui précéda son premier avénement, sera beaucoup plus complète que celle-ci. Il est vrai que l'approche du dernier jour empêchera les hommes de se livrer pleinement à la joie ; mais elle les poussera à puiser dans la foi catholique les grâces dont cette foi est la source. Les Juifs alors se joindront aux chrétiens et confesseront avec joie la venue du Messie qu'ils ne connaissent pas encore. Alors s'élèveront des hommes puissants, de grands prophètes ; alors fleurira parmi les enfants des hommes le germe de la justice, ainsi qu'il a été prédit par Isaïe : *En ce jour le germe du Seigneur s'épanouira dans toute sa magnificence et sa gloire, le fruit de la terre sera exalté et les enfants d'Israël, sauvés, se livreront à l'allégresse !* »

« Les princes rivaliseront de zèle avec les peuples pour tout régler d'après la loi divine. On interdira l'usage des armes destinées à hâter la mort des hommes, et le fer ne sera plus employé à d'autres usages qu'à la culture de la terre et à l'avantage de la société. Les nuées féconderont la terre par leur douce rosée, et, de son côté, l'Esprit Saint répandra dans les cœurs avec abondance les dons de sa grâce : la Sainteté et la Sagesse. Toutes choses étant établies dans la vérité, tous les ordres de la société rentreront dans la droite voie, et les anges du ciel, que l'infection de nos péchés force maintenant à se tenir éloignés des hommes, attirés par la sainteté de leur nouvelle vie, auront avec eux un commerce familier. Les hérétiques partageront cette joie. Alors aussi un très-grand nombre de païens, frappés par la gloire et les richesses des peuples chrétiens, recevront le baptême et prêcheront hautement Jésus - Christ, comme au temps des Prophètes. »

Le vénérable Holzhauzer, dans son interprétation de l'Apocalypse, annonce cette paix et ce triomphe de l'Église pour le temps où nous vivons. Et le bien-heureux Léonard de Port-Maurice a prophétisé qu'après la consécration du dogme de l'Immaculée conception de Marie, nous aurons le bienfait d'une paix universelle en ré-

compense de cet hommage rendu à la souve-
raine impératrice du ciel et de la terre.

XVI. En dernière preuve de la mission de
Marie-Ange, je vais faire connaître un fait
extraordinaire et merveilleux qui s'est montré
et qui apparaît encore parmi les reliques dont
je suis le dépositaire depuis vingt ans. Il fera
suite aux faits merveilleux que j'ai racontés
dans mon livre.

Quand j'eus reçu les habits et les reliques
de Marie-Ange des mains de la sœur aînée de
M. Chaboud, curé de Lignan, je les déposai
dans l'armoire de mon cabinet d'étude,
dans une cassette fermée à clef qui contenait
un corporal et d'autres objets précieux dont
j'ai donné la description dans mon livre. Il y
avait une fiole contenant un travers de doigt
de sang qui était encore un peu liquide.
M. Chaboud en avait fait la remarque dans une
note que contient cette cassette. Quelques années après, un voisin de ma maison construi-
sit un four pour cuire du pain, à côté de la
muraille de mon cabinet qu'il rendit ainsi plus
chaud qu'auparavant. Visitant les reliques
après cette construction, nous vîmes que le
sang de cette fiole n'était plus liquide, mais

sec. Depuis vingt ans que j'ai ce dépôt, plusieurs personnes de Lignan, de Béziers, de
Cazouls, deux prêtres même sont venus visiter
les habits et les reliques de Marie-Ange, mais
surtout cette cassette, et n'ont jamais remarqué, je ne l'ai pas remarqué non plus, que le
sang de cette fiole fut devenu liquide après la
construction du four, et que le corporal fut le
moins du monde tâché de sang ni d'aucune autre substance. C'est ce que prouveront, au
besoin, plusieurs témoins. Le 10 avril 1862,
Mᵐᵉ Sahuc, femme de M. le Maire de Maraussan et nièce de l'abbé Mailhac, qui avait baptisé
Marie-Ange, vint visiter ces reliques. Quel ne
fut pas mon étonnement, quand, en tirant de
la cassette le premier paquet de papier, contenant une ceinture en soie et un rabat, je le
vis tâché de sang du côté du corporal. Mᵐᵉ Sahuc en fut étonnée aussi et, examinant de plus
près, nous vîmes que ce sang venait du corporal. Il y en avait de caillé qui suintait et qui
laissa au toucher une impression à mon doigt.
Le 27 avril 1862, dimanche de *Quasimodo*,
M. Sahuc, maire de Maraussan, sa Dame et
Mˡˡᵉ Louise Roux, vinrent visiter les reliques.
Après avoir ouvert la cassette et tiré le premier
paquet, M. Sahuc, toutes les personnes pré-

sentes et moi , vîmes que le sang du corporal
avait continué à couler , puisque le second paquet , contenant les cheveux de Marie-Ange ,
en était imprégné du côté qui touchait au corporal , et que même le couvercle de la cassette
qui y touchait aussi en était teint également.
Quelques jours après , Victoire Vialas , étant
venue de Lignan visiter les reliques , je me dé-
cidai à ouvrir le corporal. Quel ne fut pas
notre étonnement de voir un gros morceau de
sang caillé dans son intérieur et suintant toujours. Le dimanche 13 juillet 1862, M. Sahuc
vint visiter les reliques , le sang avait encore
coulé , puisque le troisième paquet en était imprégné. Je lui ouvris le corporal et il remarqua avec moi qu'il y avait plus de sang à l'intérieur qu'à l'extérieur. Après cette visite , je
fus à Montpellier , je communiquai cette chose
si extraordinaire à M. le Grand-Vicaire et au
Révérend Père supérieur des Jésuites de cette
ville. Ce bon père me conseilla de poser trois
clefs et trois serrures à cette cassette , de n'en
garder qu'une et de donner les deux autres à
deux différentes personnes. C'est ce que je fis
en présence de M. Sahuc , maire de Maraussan , qui vint visiter les reliques le 3 du mois
d'août 1862. Mais avant de fermer cette cas-

sette, nous remarquâmes que le sang avait coulé encore depuis la dernière visite de M. Sahuc (13 juillet), puisque tous les cinq paquets qui touchaient le corporal étaient teints de sang. M. Sahuc écrivit un procès-verbal des faits que je viens de raconter et le plaça lui-même dans la cassette. Après, nous fermâmes avec les trois clefs. J'en gardai une , M. Sahuc prit les deux autres , une pour lui et l'autre pour Mlle Louise Roux à qui il la donna à son retour à Maraussan.

Le 9 novembre, M. Sahuc vint avec sa Dame et Mlle Louise Roux , visiter la cassette. Voici le procès-verbal qu'il écrivit après cette visite , procès-verbal que je signai avec lui , ainsi que Mme Sahuc et Mlle Louise Roux , et que nous mîmes avec le premier dans la cassette , avant de la fermer avec les trois clefs :

Le 9 du mois de novembre de la même année 1862 , nous François-Victor Sahuc , maire de la commune de Maraussan , chevalier de l'ordre de Saint - Grégoire - le - Grand , et Mme Sahuc , mon épousé , ainsi que Mlle Louise Roux , nous nous sommes transportés dans la maison de M. Martel , docteur-médecin , dépositaire de la précieuse cassette fermée à trois clefs ; Mlle Louise Roux et moi avons remis nos deux clefs et M. Martel nanti de la troisième a ouvert la cassette. Nous avons constaté que les cinq paquets qui touchaient le corporal sont toujours teints de sang ; nous avons ouvert le corporal et nous avons trouvé deux petits caillots de sang et les tâches de sang suintant bien plus grandes que celles que j'avais moi-même vues, à ma dernière visite du 3 août dernier. J'assure, en outre, que lors de ma dernière visite, j'avais introduit dans ladite cassette un premier procès-verbal que nous avons vu teint de sang parce qu'il touchait le corporal.

RÉPONSES A CERTAINES OBJECTIONS.

⁂

1re RÉPONSE. — Quand j'ai dit , à la page 11 de mon livre , que les billets annonçaient que Marie-Ange était un *Ange incarné* , je n'ai pas voulu dire qu'elle était revêtue d'un corps humain , comme l'archange Raphaël , comme les autres anges qui ont apparu, de temps en temps, sous une forme humaine. Le corps de Marie-Ange fut formé de limon comme celui d'Adam. C'était un corps humain en ayant toutes les propriétés. Du reste , en la mettant en présence de ces paroles de Saint Grégoire : *Il faut savoir que le mot Ange est un nom qui caractérise , non la nature que l'on a , mais la fonction que l'on remplit* , on pourrait dire que Marie-Ange a été un ange , c'est-à-dire un envoyé de Dieu, pour remplir une mission qu'il à plu à Dieu de lui conférer ; car, dit encore Saint Grégoire que je viens de citer : *Ces saints Esprits de la céleste patrie sont bien toujours esprits, mais ils ne peuvent toujours être appelés anges, parce qu'ils ne sont cela que lorsque quelque chose est annoncé par eux.*

2me RÉPONSE. — J'ai écrit aussi à la page 11 de mon livre, que Notre Seigneur a dit à un Ange (toujours d'après ces billets), de former le corps de Marie-Ange avec du limon, de le porter ensuite dans un vide de la poitrine de M. Chaboud, curé de Lignan, et huit ans après dans le sein de Marie Tabarié. Là, pour qu'il y acquit de l'accroissement, ce même Ange lui apportait la nourriture nécessaire. Que Dieu puisse effectuer des choses pareilles, c'est évident ; mais nous ne savons pas qu'il l'ait jamais fait. Voilà ce que l'on peut m'objecter. Je réponds que nous ne savons pas si Saint Jean-Baptiste, si le prophète Jérémie, si la Sainte Vierge, si Notre Seigneur Jésus-Christ lui-même n'ont dû leur accroissement qu'au sang du sein de leurs mères et n'ont eu d'autre nourriture que ce même sang. C'est ce que la Sainte-Écriture ne nous apprend pas. Plusieurs révélations faites à de saintes âmes nous feraient croire au contraire que Saint Jean-Baptiste, que la Sainte Vierge, possédaient toutes leurs facultés dans le sein de leurs mères (étant déjà remplis du Saint Esprit), et n'y étaient pas comme nous pécheurs, dans un état de mort, n'ayant l'usage d'aucun sens et ne vivant que par le sang de nos mères. Il est écrit dans la Vie de la Sainte Vierge, d'après les méditations de Catherine Emmerich, rédigées par Clément Brentano, traduite de l'Allemand par M. de Cazalés, vicaire-général de Montauban : Quand vint le tour de Zacharie de présenter l'encens et qu'il s'approcha de l'autel des parfums, Anne-Catherine Emmérich vit à droite de l'autel une lumière descendre sur lui et s'approcher une forme brillante. « Je vis au-dessus de Zacharie le ciel ouvert et deux anges monter et descendre comme sur une échelle. Sa ceinture était détachée et sa robe ouverte, et je vis qu'un des Anges semblait retirer quelque chose de son corps, tandis que l'autre lui mettait dans le côté comme un objet lumineux. » C'était quelque chose de semblable à ce qui se passa lorsque Joachim reçut la bénédiction de l'Ange pour la Conception de la Sainte Vierge.

3me RÉPONSE. — Certaines personnes très-sévères et rigoristes en fait de morale, n'auraient pas voulu que j'écrivisse à la page 12 de mon livre ce que M. Chaboud, curé de Lignan, m'a eu dit : « Que Marie-Ange était sortie du sein de sa mère sans cordon ombilical ; qu'un jour il avait vu son ventre et avait pu s'en assurer. » Ces personnes ont dit que cela pourrait faire tort à la réputation de ce prêtre. Mais elles ignorent, sans doute, que j'ai dit, à la page 166, que M. Chaboud était un excellent médecin, voyait lui-même ses malades, leur fournissait les remèdes et payait même les visites des médecins de Béziers qu'il jugeait convenable de faire venir à Lignan ; le tout pour venir au secours des pauvres de sa paroisse. Elles ignorent aussi ce que dit M. Chaboud à la page 200 de mon livre : Que, depuis plus de trente ans, il exerçait la médecine naturelle, par le secours de la grâce de Dieu et sous les auspices de la Sainte Vierge, et moyennant leur assistance. Il l'a exercée avec succès. Maintenant qu'y a-t-il d'étonnant que ce prêtre ait vu le ventre de Marie-Ange lorsqu'elle souffrait des coliques atroces (ce qui a duré assez longtemps), pareilles à celles qu'elle éprouvait quand je la vis, au commencement de l'année 1818, dans la chambre de M. Chaboud (pag. 114). Elle avait alors la figure d'une morte et son ventre tendu et gonflé faisait entendre un bruit pareil à celui de noix qui s'y seraient remuées. M. Chaboud exerçait la médecine non seulement dans son village, mais encore à sept lieues de distance d'où on venait le consulter. Un jour, allant à Lignan, je rencontrai une de mes cousines germaines qui allait le consulter pour une tumeur qu'elle avait au bas ventre. Je l'avais visitée ainsi que un médecin de Béziers, et nous avions diagnostiqué une tumeur au foie. M. Chaboud ayant visité aussi le ventre de cette malade, en ma présence, me fit reconnaître, en me faisant explorer la tumeur, qu'elle ne tenait pas au foie, mais aux téguments des muscles du bas ventre, et conseilla l'application sur la tumeur d'un cautère qui la fit bientôt disparaître. M. Chaboud était bien présent, avec plusieurs autres personnes, quand, Marie-Ange étant dans son lit, sa cuisse s'enfla d'une manière extraordinaire. Il attendit bien aussi qu'elle se désenflât jusqu'à l'heure prescrite par les billets. Un médecin qui a vu la cuisse d'une personne peut bien, je l'espère, voir, si besoin est, son ventre.

4ᵐᵉ RÉPONSE. — J'ai raconté dans mon

livre, pages 99 et 133 , que Marie-Ange avait reçu sur la bouche des baisers de notre bien-aimé Jésus et de notre chère Mère ; d'abord , pendant la nuit du 2 octobre 1816 , ensuite pendant la nuit du 23 octobre de la même année , et plus tard , vers le commencement de juillet 1817 ; et que chaque baiser produisait un bonbon de la grosseur d'un pois qui se plaçait sur sa langue , ou bien un peu de sirop des plus délicieux.

Marie-Ange étant la véritable épouse des Cantiques , comme le disent les billets , comment pourrait-on s'étonner qu'elle ait reçu des baisers. Le premier verset du premier chapitre du Cantique ne dit-il pas : *Osculetur me osculo oris sui , etc.;* et le verset 6 du onzième chapitre ne dit-il pas aussi : *Lœva ejus sub capite meo , et dextera illius amplexabitur me.* On devrait , au contraire , voir dans ces baisers la preuve irréfragable de ce que les billets disent et affirment : Qu'elle est cette épouse des Cantiques. D'ailleurs, dans le troisième chapitre du quatrième livre de l'Imitation de Jésus-Christ , n'est-il pas dit : « O heureux l'âme qui mérite de recevoir son Seigneur avec piété ! Qu'il est beau et noble l'époux *qu'elle embrasse,* époux digne d'être chéri parmi les époux ! »

Dans le ciel tous les élus ne seront-ils pas comblés et réjouis de ses divins embrassements ? Un Dieu qui, sur cette terre, se donne à nous, de manière à ne faire qu'un avec nous, qui a ravi dans le ciel tant de Saints dont les corps étaient encore sur la terre, ne pourrait-il pas embrasser des âmes unies encore à leurs corps sans étonner certaines personnes trop sévères en fait de mœurs et les scandaliser ? Mais alors ces personnes ne reconnaîtraient pas le Cantique des cantiques canonique, comme notre Sainte Église l'a reconnu.

Sainte Gertrude rapporte que, le jour de Saint-Jean l'Évangéliste, ce Saint lui apparut penché, comme à la dernière scène, sur la poitrine du Sauveur. En même temps que cette vision lui était montrée, il lui fut donné de goûter quelque chose des délices que faisait éprouver au disciple bien-aimé, la palpitation du cœur de Jésus. Enivrée de ces ineffables douceurs, elle demanda au Saint pourquoi il n'avait rien dit dans son évangile de ce qui lui avait été alors découvert des richesses du cœur de Jésus. C'est, lui répondit Saint-Jean, qu'il importait avant tout d'instruire l'Église naissante touchant la personne du verbe incarné, pour qu'elle transmit ses enseignements aux siècles qui devaient suivre. Il est réservé aux derniers temps de recevoir la communication des ineffables délices dont je me suis senti rempli lorsque je me reposais sur le sein de Jésus-Christ, *afin que, par ce moyen, la société vieillissante et engourdie par l'indifférence reçoive la chaleur du divin amour.*

5ᵐᵉ RÉPONSE. — Beaucoup de choses que j'ai rapportées dans mon livre ont paru vaines et puériles à certaines personnes. Mais ces préventions sont déjà bien affaiblies. Elles le seraient davantage si ces personnes réfléchissaient sur la guérison de l'Aveugle né de l'Évangile : Le Sauveur le montre et ses disciples lui demandent s'il est né ainsi à cause de ses péchés ou des péchés de ses parents. Il n'a péché ni lui ni ses parents, répond le divin maître, il est né ainsi afin que l'œuvre de Dieu soit manifestée en lui. Alors Jésus crache à terre, forme une boue avec sa salive (probablement avec son doigt), frotte de cette boue les yeux de l'Aveugle-né et lui dit : Va te laver dans la piscine de Siloë. L'aveugle y va, se lave et revient en voyant clair.

Et bien, examinons tout cela au point de vue de l'humaine sagesse. Y a-t-il rien qui paraisse plus puéril, plus vain, plus singulier, j'ose dire plus malpropre et plus indigne de la toute-puissance que ce crachat et cette boue qu'on met avec les doigts sur les yeux d'un aveugle qu'on enverrait se laver après qu'il a été ainsi sali? Grand Dieu, ne seriez-vous pas plus sage si vous lui disiez : Soyez guéri ! je le veux ! Pourquoi environner cette guérison de tant de choses vaines, ridicules et faites pour soulever le dégoût et le mépris contre vous ? Ah ! que la sagesse du monde se taise ! C'est une impertinente. La folie du Ciel a le droit de se moquer de la raison, de l'esprit fort et du jugement de la terre. Combien de choses vaines, sottes, inutiles, extravagantes aux yeux des grands esprits de ce monde ne se trouvent point dans les rites, les cérémonies et les fêtes de l'Église ? Le divin et le singulier, le divin et l'extravagant semblent se plaire ensemble, et il n'y a presque rien de divin qui ne soit assaisonné de quelque chose de puéril. Dieu le permet, peut-être pour donner quelque mérite à ceux qui ont à se prononcer sur cela. Toujours le permet-il parce qu'ici-bas nous sommes sous le règne de la foi et qu'il faut que tout soit accompagné de quelque obscurité, source de quelque contradiction.

VIE

DE

MARIE-ANGE.

Ln 27 11736

PROPRIÉTÉ DE L'AUTEUR.

BÉZIERS, IMPRIMERIE GRANIÉ.

VIE

DE

MARIE – ANGE,

NÉE A LIGNAN, PRÈS BÉZIERS,

SUIVIE DE LA

Vie de M. CHABOUD,

SON CURÉ ET CONFESSEUR,

ET DE LA

Vie de M. JULIEN,

ANCIEN CURÉ DE CAZOULS-LÈS-BÉZIERS,

AVEC DES RÉFLEXIONS DIVERSES.

La fausseté ne se trouve point où habitent la vérité et le feu de la charité divine.

(*Révélations de* Ste BRIGITE.)

BÉZIERS.

1862.

HERAULT
No 290
1862

DÉCLARATION DE L'AUTEUR.

—

Je déclare soumettre humblement et de cœur tout ce que j'ai écrit sur ces trois Vies, à l'examen des juges de la foi, NN. SS. les Évêques, mais surtout au jugement infaillible du Très-Saint Vicaire de Notre-Seigneur Jésus-Christ, notre Saint-Père le Pape, que je vénère comme la règle vivante de toute vérité et l'organe de l'Esprit Saint. Je rejette et je condamne d'avance tout ce qu'il rejetterait et condamnerait, et je promets de ne regarder comme bon, vrai et venant de Dieu que ce que Sa Sainteté regarderait comme tel.

Cazouls-lès-Béziers, le 22 Février 1861.

MARTEL, Médecin.

AVANT-PROPOS.

L'Église catholique est sainte dans son fondateur, Notre-Seigneur Jésus-Christ, auteur et modèle de toute sainteté ; elle est sainte dans sa doctrine, puisqu'elle ne souffre aucune erreur, et que ses dogmes ne sont jamais contraires aux principes de la raison humaine, quoiqu'ils soient quelquefois au-dessus de sa portée ; elle est sainte dans la vocation de ses membres et dans la direction qu'elle leur donne pour arriver au terme de la félicité éternelle.

Aussi, de temps à autre, lorsqu'un besoin impérieux se fait sentir pour notre plus grande perfection, voyons-nous la sainte Église, ou mieux Dieu, son auteur, susciter des personnages remarquables par l'éclat de leur sainteté, des anges même, sanctifiés avant leur naissance, qui vivent de notre vie commune, édifient, consolent et portent au bien tout ce qui les entoure, par la pratique des vertus les plus pures et les plus célestes.

Décrire la vie de ces personnages privilégiés, de ces anges du ciel venus s'incarner dans ce monde et prendre part à toutes nos misères ; tracer les différentes merveilles qu'ils on t opérées pendant leur pèlerinage sur cette terre : c'est un service à rendre à la sainte Église, et partant, la glorifier en face des nations. C'est encore un service à rendre aux chrétiens, qui trouvent dans ces modèles une image de la sainteté de Dieu, et un encouragement pour chercher à les imiter.

Tels sont les motifs qui m'ont porté à écrire et à donner au public le récit de la *Vie de Marie-Ange.*

Il est un autre motif que je ne puis taire : c'est un sentiment de reconnaissance pour les biens dont j'ai été
comblé par son intercession , et un sentiment de vive
espérance pour la France et pour le triomphe de l'É-
glise.

Ça été une ambition bien présomptueuse , mais enfin ça été mon ambition de représenter à la France
et au monde entier cet ange incarné , dans le cœur
duquel la France et le monde entier doivent trouver
tous les éléments de leur régénération. Ce résultat ,
nous sommes assurés de l'obtenir auprès de ceux qui
liront ces pages sans parti pris , et qui chercheront
la vérité plus que l'art , et la solidité des raisonnements plus que l'élégance du langage.

La plupart des personnes qui ont vécu avec Marie-
Ange , dans son intimité , ont quitté la terre d'exil
avant qu'on ait songé à les interroger , et qu'on eût
recueilli les documents précieux qu'elles auraient pu
donner. D'autres , qui vivent encore , n'ont qu'une
voix pour publier les merveilles qui se sont opérées
pendant sa vie mortelle , depuis sa naissance jusqu'à
sa mort. Leurs dépositions se trouvent consignées dans
le courant de cet ouvrage , et toutes sont prêtes à défendre de leur sang la véracité de leurs attestations.

Ma tâche d'écrivain serait bien facile si je pouvais
établir la preuve de ce que j'avance par l'exposé des
billets qu'elle a écrits pendant les dernières années de
sa vie. M. Chaboud , curé de Lignan et son confesseur , les a recueillis précieusement et les a envoyés
au souverain pontife. La congrégation des saints rites,
qui en a reçu le dépôt , pourra un jour les rendre
publics , quand , dans sa sagesse , elle reconnaîtra le
moment opportun pour le plus grand bien de l'Église.
Alors , on verra la confirmation de tout ce que j'ai
avancé.

Je ne suis pas plus ami du merveilleux que certains de mes contradicteurs , qui me conseillaient de passer sous silence la naissance mystérieuse de Marie-Ange. J'aurais bien voulu suivre leurs conseils généreux , et par là j'aurais rendu ma tâche plus facile et j'aurais évité leurs attaques équivoques ; mais, attendant la contre-épreuve de ce que j'avance par ce qui est écrit dans les billets déposés à Rome , il me fallait nécessairement exposer sa naissance telle que les billets l'établissent et que les témoins la confirment , et afin qu'il fût évident à tous qu'elle est la figure de l'Église et la véritable épouse des cantiques.

Je sais d'avance que la question de la naissance miraculeuse suscitera plusieurs objections ; mais un temps arrivera , qui peut-être n'est pas éloigné , où la lumière se fera et rendra sensibles tous ces mystères. Dans cette attente , néanmoins, je vais répondre à certaines objections qu'on pourrait faire à mon livre.

Et d'abord : la démonstration à l'intelligence humaine de l'incarnation d'un ange ne peut s'établir d'une manière rigoureuse et propre à satisfaire la raison ; mais , à cause de cette impuissance matérielle , faut-il conclure que le fait est complètement faux ? en raisonnant ainsi , nous serions fondés à rejeter tout ce que notre raison ne peut pas comprendre. Et n'est-il pas des cas où le bon Dieu s'écarte des lois ordinaires , et cela pour faire éclater sa toute-puissance et humilier notre orgueil qui nous porte à tout soumettre au creuset de la raison ?

Un ange incarné ne paraît pas néanmoins une nouveauté , un fait sans précédents. L'auteur de toutes choses a pu en susciter pour le besoin de son peuple et pour la manifestation de ses volontés.

Dans les épitres aux Hébreux (VII-IV) saint Paul représente Melchisedech : *sine patre , sine matre , sine genealogiâ, neque initium dierum, neque finem vitæ habens.* Peut-on, par la pensée, concevoir un homme comme nous, n'ayant ni père, ni mère, ni aucun ascendant, sans commencement ni fin ?

Non ! le grand-prêtre Melchisedech, qui était l'image de Jésus-Christ, n'était pas un homme ; il ne descendait pas d'Adam ; on ne peut lui donner aucun ascendant pour le rattacher au premier anneau de l'espèce humaine ; il n'avait pas non plus péché en Adam, puisqu'il n'était pas de sa race. Il faut nécessairement rattacher son existence à une autre cause, et remonter à un être suprême dont il était l'œuvre.

Voilà donc un ange incarné et sans souillure ; et du reste le respect que lui porte Abraham et les dons qu'il lui offre sur les dépouilles prises aux rois vaincus démontrent très-bien qu'à cette époque on traitait Melchisedech comme un ange sur la terre.

Nous pourrions aussi citer saint Jean-Baptiste, qui fut rempli du Saint Esprit dès le ventre de sa mère. Rappelons ce que rapporte l'évangéliste (saint Luc, I): *Non erat illis* (Zacharie et Élisabeth) *filius, eo quod esset Elisabeth sterilis, et ambo processissent in diebus...... Ait autem ad illum* (Zacharie) *angelus...... Uxor tua Elisabeth pariet tibi filium, et vocabis nomen ejus Joannem ; erit enim magnus coram Domino...... et Spiritu sancto replebitur adhuc ex utero matris suæ.*

Voyons, par les paroles de saint Luc, les différents mystères qui ont précédé la naissance de saint Jean-Baptiste. L'évangéliste, inspiré de Dieu, établit parfaitement qu'Élisabeth était stérile ; que tous deux, avancés en âge, étaient également impuissants à avoir des enfants. Un ange du Seigneur (le même que l'Éternel devait envoyer plus tard à Marie) apparaît à Zacharie et lui dit : Votre épouse mettra au monde un fils que vous appellerez Jean; et il sera rempli du saint Esprit dès le ventre de sa mère.

Que de mystères dans cette naissance, si l'on veut la faire rentrer dans l'ordre de la nature, et ne serait-il pas permis de croire plutôt à une création divine, qui se serait développée dans le sein d'Élisabeth, qu'à une conception et une naissance selon les règles de la nature, surtout lorsque tout était disposé pour rendre la conception impossible (la stérilité de la femme et leur âge avancé)?

Écoutons ce que Dieu dit de saint Jean-Baptiste par la bouche du prophète Malachie (III, 1): *Ecce ego mitto angelum meum et præparavit viam ante faciem meam, et statim veniet ad templum suum dominator quem quæritis, et angelus testamenti quem vos vultis. Ecce venit, dixit Dominus exercituum.*

Quoi de plus clair pour prouver que saint Jean-Baptiste était un ange? le Seigneur lui-même, le Dieu des armées, l'annonce par la bouche de son prophète. Aucune puissance humaine ne pourra aller contre l'affirmation si positive de Dieu.

Dans un autre passage de la Bible, où le Seigneur annonce à Abraham que sa postérité sera aussi nombreuse que les grains de sable, il lui dit: *Faciam semen tuum sicut pulverem terræ* (Genèse, XIII, 26); et plus haut (25): *Omnem terram quam conspicis tibi dabo et semini tuo.*

Le Seigneur ne dit pas à Abraham, comme l'ange à Zacharie: les enfants de ta femme, mais ta race. Dans la Bible, chaque mot a son sens propre, et le moindre changement de locution doit amener nécessairement une idée différente.

Mais je puis encore démontrer que le prophète Jérémie était un ange. Voici ce que nous lisons dans ses prophéties (ch.e I, v. 4-5): *Et factum est verbum*

Domini ad me dicens : priusquàm te formarem in utero novi te, et antequàm exires de vulvâ sanctificavi te et prophetam in gentibus dedi te.

C'est encore ici le Seigneur qui parle et qui dit : Je t'ai connu avant que je te formasse dans les entrailles de ta mère ; donc il avait une existence spirituelle ; et je t'ai sanctifié avant que tu fusses sorti de son sein; donc il est né sans péché.

Tous les textes que je viens de citer, depuis Melchisedech jusqu'au prophète Jérémie, sont tirés des saintes Écritures et doivent être entendus dans leur sens littéral, d'après ces paroles de saint Jean Damascène : « Tout ce qui nous vient par la loi et par les prophètes, par les apôtres et les évangélistes, nous le recevons, nous le respectons, nous le reconnaissons, ne demandant rien au-delà. » Saint Augustin parle de même à saint Jérôme : « J'ai appris à honorer les seuls livres des Écritures qui sont appelés canoniques, de sorte que je crois très-fermement qu'aucun des auteurs qui les ont écrits n'a pu se tromper. »

Je constate que l'existence d'un ange incarné n'est pas un fait insolite et sans précédents ; car encore, pour prouver le contraire, il faudrait qu'on pût affirmer que Melchisedech, saint Jean-Baptiste et Jérémie ont péché en Adam, qu'ils ont été formés dans l'iniquité, que leur mère les a conçus dans le péché, et prouver cela par les divines Écritures, l'opinion du plus grand nombre des pères de l'Église, ou par une décision rendue par la sainte Église romaine.

Il me reste à prouver que Marie-Ange était un ange incarné. Ces preuves, le lecteur les trouvera dans la lecture attentive et pieuse de sa vie ; dans les dépositions des témoins qui ont vu tout ce qu'ils rapportent, et qui dans ce qu'ils ont dit de merveilleux n'ont aucun intérêt à dénaturer les faits.

Un fait surnaturel avant d'être admis passe ordinairement par des phases diverses; il devient en butte à la dérision des vains et sots esprits du monde, qui, ne sachant comment combattre ou défendre ce qu'ils attaquent sans comprendre, prennent le parti de mépriser et de tourner en ridicule. Ce triste esprit se trouve chez certains hommes qui se croient intelligents et sages, et les porte à repousser toute nouveauté sans même l'examiner. Pour moi, qui crois en Dieu et à tout ce qu'il nous révèle, j'attends avec patience et résignation que la lumière se fasse et éclaire tout l'univers; car, comme l'a dit un grand penseur : *L'homme s'agite, et Dieu le mène*, et tôt ou tard la vérité triomphe. Le temps abaisse les horizons et apaise les esprits.

BIBLIOTHÈQUE IMPÉRIALE IMPR.

VIE DE MARIE-ANGE.

Monsieur Decellier, Curé de Lignan, m'ayant invité à décrire l'histoire des choses merveilleuses qui se sont accomplies dans sa paroisse, au commencement de ce siècle, par une sainte fille nommée Marie-Anne Laus, j'ai cru qn'après avoir été exactement informé de toutes ces choses, suivant le rapport qui m'en a été fait par les personnes qui les ont sues et vues et ce que j'en ai vu moi-même, je devais en faire connaître par écrit toute l'histoire.

Marie-Anne Laus naquit à Lignan, village à une lieue de Béziers, le 2 octobre 1799, fête des Saints-Anges Gardiens. Son père, honnête paysan, se nommait Joseph Laus; sa mère se nommait Marie Tabarié. Voici comment s'accomplit sa naissance: ce jour-là, Marie Tabarié était avec sa mère, Anne Tabarié, dans la maison. Anne Tabarié quitta sa fille, et fut travailler au jardin attenant à la maison. Quelque temps après elle rentra, monte à la chambre, et trouve sa fille Marie au lit avec un enfant emmaillotté à son côté. Elle lui demande ce qu'elle avait fait ? celle-ci lui répondit: une fille. Étonnée de cela, elle va le dire à la belle-mère de sa fille et aux voisines qu'elle rencontre sur son chemin, lesquelles accoururent bientôt auprès de Marie Tabarié. Sa belle-mère, voyant tout terminé, se plaignit de ce qu'elle n'avait pas été avertie à temps; Anne Tabarié lui répondit qu'elle, qui était tout près de la maison, ne l'avait pas été non plus qu'elle, ce qui les étonna beaucoup. Je tiens le récit de cette naissance de Marie Blanc, fille de service de M. Chaboud, curé de Lignan, qui le tenait d'Anne Tabarié; je le tiens encore de Claire Laus, sœur de Marie-Anne Laus. Moi-même j'ai questionné plusieurs fois Marie Tabarié sur cette naissance; elle m'a toujours dit qu'elle ne savait comment elle avait été opérée.

Marie-Anne Laus fut baptisée, le 6 octobre, par M. Mailhac, oncle de M. Jean Mailhac, de Maraussan, prêtre non assermenté. Peu de temps après, la paroisse de Lignan revit son ancien curé, M. Antoine Chaboud, revenant de l'Italie où il s'était exilé. J'ajouterai à cette histoire une notice sur la vie et les vertus de ce saint prêtre.

Marie-Anne Laus grandissait en âge et en sagesse, candide, innocente toujours comme nos premiers parents avant leur désobéissance dans le Paradis. Elle était aimée, respectée de ses parents ; elle les consolait dans leurs peines et leurs misères ; tous la prenaient pour leur guide et ne lui auraient rien commandé. Un jour son père donna un soufflet à sa mère ; Marie-Anne qui était à sa chambre descendit et dit à son père : « Mon père, qu'avez vous fait ? » et tout finit là par des pleurs. Marie-Anne passait alors son temps à l'école ou à l'église, et le restant à sa chambre. Quoique jeune, elle était d'une adresse étonnante ; tout ce qu'elle entreprenait se faisait à la perfection, et était toujours au-dessus de ce que les autres de son âge pouvaient faire.

Avant sa première communion, étant à l'école, Marie Delcélié, écolière comme elle, ayant cassé une vitre, presque toutes les écolières s'entendirent à en accuser Marie-Anne. M. le curé étant venu à l'école, demanda quelle était celle qui avait cassé cette vitre. Toutes, excepté Mademoiselle Justine Billière, dirent que c'était Marie-Anne Laus. M. le curé lui donna alors un soufflet si rude, que sa joue demeura pendant longtemps enflée et son œil rouge. Tout de suite après le soufflet, M. le curé lui dit de se mettre à genoux. Alors Marie-Anne Laus jeta son livre au milieu de l'école en disant : Moi, à genoux ! vous, et non pas moi, et s'en alla tout de suite à sa maison. M. le curé recommanda de n'en rien dire aux parents de Marie-Anne ; alors Mademoiselle Justine Billière dit à M. le curé : Marie-Anne Laus n'a pas tort ; ce n'est pas elle qui a cassé la vitre, c'est Marie Delcélié. Marie-Anne n'en dit rien à ses parents ; mais elle demeura quelque temps sans vouloir se confesser de M. le curé, et quand elle le voyait dans la rue, elle essayait de passer d'un autre côté.

Marie-Anne Laus n'était connue de M. le curé que comme une fille candide, sage, brave ; mais, après sa première communion, il commença à entrevoir en elle quelque chose d'extraordinaire. Les amies qu'elle eut alors s'en aperçurent aussi ; à cause de cela, toutes l'aimaient, la respectaient, suivaient ses conseils et désiraient d'être souvent avec elle. Peu de temps après sa première communion, Marie-Anne se promenait, le jour de la fête du village, avec Marion Roudier, Marie Delcélié (celle-ci n'était pas la même qui cassa la vitre à l'école), et, passant devant le bal, une d'elles l'engagea à y entrer. Marie-Anne les suivit ; mais quand elle fut sur la porte du bal, elle ne vit plus rien, et, confuse, elle revint à la maison. Elle rappelle plus tard ce fait dans ses prédications, en démontrant son innocence.

Longtemps après, Victoire Vialas et Jeannette Henry, ses amies, la virent en extase, son âme ravie dans le Ciel, puisqu'elles entendirent ces paroles, en voyant son frère qui était mort depuis peu, après son baptême, étant encore fort jeune : *Ah ! que tu es beau, Célestou !* Ensuite, voyant les anges et les saints, son admiration était encore plus grande ; mais elle le fut encore plus quand elle vit le trône de Dieu. Marie-Anne Laus avait à peine seize ans ; elle trouva alors une image où il n'y avait qu'une croix. Bientôt après, ayant été faire de la feuille de mûrier pour des vers à soie, étant sur l'arbre, elle vit un gros serpent au tronc de l'arbre, et sentant quelque chose qui remuait sur sa tête, elle en vit un autre qui de dessus sa tête s'enfila dans son sein gauche et s'étendit sur son bras ; alors elle tomba de dessus l'arbre en syncope ; en cet état, l'autre serpent lui passant sur sa figure, elle revint de sa syncope sans avoir encore recouvré l'usage de sa parole ; elle jeta alors des pierres à ce serpent qui s'enfuit dans les broussailles. Ensuite elle alla sur le grand chemin, et voyant une femme du village de Causses, elle commença à se dépouiller de son corset, faisant signe à cette femme de l'aider ; celle-ci souleva la chemise de l'épaule de Marie-Anne, et ce serpent sauta et s'enfila dans un trou de lézard qui était dans le fossé ; Marie-Anne fut lui jeter des pierres comme elle l'avait fait à l'autre. Personne n'en sut rien dans la maison et ce ne fut que deux mois après que cette femme de Causses le dit à sa mère , et alors Marie-Anne Laus raconta tout cet événement à sa sœur Claire. L'effroi qu'elle eut de ce serpent lui occasionna des attaques nerveuses , croyant les voir encore. Pendant ses attaques , la Sainte Vierge , sa bonne mère , lui mettait entre ses dents , pour qu'elles ne se serrassent pas , des amandes pelées ; Marie-Anne faisait des efforts pour les écraser , sans pouvoir y réussir. J'ai de ces amandes parmi ses reliques. M. le curé , son père spirituel , la soulageait beaucoup pendant ses attaques, lorsqu'il pouvait être auprès d'elle ; cela lui était prescrit par ordre divin. Elle ne pouvait lire une page des souffrances de Jésus-Christ sans être atteinte d'une de ces attaques. Elle en eut une entre autres qui lui dura vingt-quatre jours , et pendant ce temps elle ne prit aucune nourriture ni solide ni liquide ; quand ces vingt-quatre jours furent passés , elle se leva, s'habilla, fut entendre la messe, et de retour à sa chambre, suivie de plusieurs personnes , elle monta et plaça un pied sur la traverse longue de son lit, et tournant doucement sur la pointe de ce pied, elle prêcha pendant une heure et demie , étant dans un état calme , avec des gestes expressifs et une voix claire qui s'entendait du dehors.

On fut prendre M. le curé , qui , étant venu , resta debout bien longtemps ; alors elle dit ces paroles : « Donnez une chaise au ministre du Seigneur , qui tombe en défaillance. » On se rappelle qu'elle dit : « Vous dites que mon état est misérable , le vôtre est plus misérable que le mien. Faites pénitence , car ma fin est proche. » Ses prédications se répétèrent quatre fois, pendant une vingtaine de jours. Après la première, Marie-Anne étant ravie en extase, on l'entendit alors dire : « Ah ! vous dites qu'il viendra beaucoup de monde à mes prédications ; eh ! qu'il en vienne tant qu'on voudra. » L'affluence du monde devint de plus en plus considérable , de Béziers et des villages environnants. Plusieurs personnes de Lignan , les plus discrètes , se cachaient pour n'être pas vues d'elle avant qu'elle prêchât ; eh bien ! c'étaient celles-là qu'elle allait chercher alors pour qu'elles l'entendissent bien. M. le curé de Lignan , qui avait assisté à toutes ses prédications , les a écrites toutes sur des notes qu'il prenait , et les a envoyées à la Sacrée Congrégation des Saints Rites , à Rome.

Vers la fin du mois d'octobre 1816 , M. le curé de Lignan et M. le curé de Cazouls prièrent Marie-Anne de demander à Dieu la guérison de ses attaques ; elle dut obéir à leurs désirs , puisque alors elles cessèrent et ne revinrent plus ; pendant ses attaques, elle avait souffert des maux de tête affreux ; depuis leur cessation, elle souffrit des coliques dont j'ai donné la description dans mon témoignage. Quelque temps avant sa mort, elle a souffert dans sa poitrine tout ce qu'on peut souffrir de plus douloureux. Un jour, elle avait souffert pendant deux heures tout ce que Notre-Seigneur avait souffert dans sa Passion, tellement que le feu lui sortait par la figure. Vers le mois d'octobre 1816, son père n'ayant pas fait ses Pâques, elle ne le vit pas et le crut mort, jusqu'au moment qu'ayant accompli ce devoir de chrétien, elle le vit alors en bonne santé. D'après les ordres de Notre-Seigneur Jésus-Christ et de notre bonne Mère, elle lui défendit aussi de ne pas aller pêcher, à la rivière, le samedi soir ; Joseph Laus obéit. Un jour, il permit à une femme du village de mettre son vin dans son cellier ; cette femme, au lieu de faire boire le vin qu'elle lui avait apporté, tirait du barril de Joseph Laus, qui s'en avisa quand il n'y en eut plus ; il se mit alors en colère, et jeta dehors de son cellier le barril de cette femme. Marie-Anne Laus l'ayant su, écrivit, sous la dictée de Notre-Seigneur Jésus-Christ, le billet que voici : « Jésus-Christ, mon cher fils, c'est moi Jésus, votre bonheur et votre soutien, et c'est moi qui vous parle et ma chère Mère bien-aimée aussi ; ainsi sois soumis à notre sainte volonté, ô Joseph Laus, mon cher enfant, père chéri de notre chère fille et de notre fille bien-aimée. Que tu es heureux d'avoir une fille comme celle que tu as et bien béni ! Moi, moi qui suis ton Seigneur et ton Père et ton Maître, bénis-moi, je t'en prie. Cette fille sera et est ta consolation ; vois que je te l'ai envoyée pour te toucher le cœur et encore pour te consoler ; eh bien, profite de ce qu'elle t'a dit, et sois soumis à ma sainte volonté, et je t'en récompenserai dans ce monde et dans l'autre ; mais sois bien assuré que les récompenses de l'autre monde sont beaucoup plus agréables que celles de ce monde-ci ; ainsi je te prie de me faire cette amitié de ne plus penser à ce qu'on t'a fait. Il est vrai que c'est affligeant ; mais j'afflige ceux que j'aime ; vois comment j'afflige ta chère fille qui n'est pas tout-à-fait tienne ; mais tu es bien heureux d'être son père ; mais elle est mienne, et je crois que tu me la donnes de bon cœur et à ma chère Mère aussi ; ainsi sois soumis à ma volonté et sois bien assuré que je t'en récompenserai, et quoi que ce soit qu'il arrive, soumets-toi à ma sainte volonté, et tu t'en trouveras bien ; ainsi sois dans ma paix, et garde ce billet comme la chose la plus précieuse que tu auras. » Marie-Anne remit ce billet à son père qui, l'ayant

lu , calma tout-à-fait sa colère en se soumettant à la sainte volonté de Dieu.

Marie-Anne Laus ne voyait surtout , dans
ce temps-là , que peu de personnes , de manière que beaucoup lui étaient invisibles ; elle
ne voyait que celles que Notre-Seigneur lui
permettait de voir. Pour qu'on ne doutât pas
de cela , elle-même a été invisible aux unes et
visible aux autres personnes en même temps.
Victoire Vialas en est un des témoins. Des
dames de Béziers étant venues à Lignan , pour
la voir , elles furent averties qu'elle était dans
l'église , par des personnes qui l'y avaient vue
entrer ; elles y entrèrent ; elles cherchèrent
partout dans l'église sans la voir ; elles furent
même remuer la chaise sur laquelle Marie-
Anne était appuyée , et s'en retournèrent sans
pouvoir satisfaire leur désir. Marie-Anne , de
retour à sa maison , dit à sa sœur Claire et à
son frère Joseph : « Des dames de Béziers sont
venues à l'église pour me voir , elles ont pris
de devant moi la chaise sur laquelle j'étais appuyée , et ne m'ont pas vue , je ne suis pas
une relique. »

Ce fut dans l'année 1816 , que Notre-Seigneur Jésus-Christ et la Sainte Vierge firent
écrire , sous leur dictée , des billets à Marie-
Anne , dans lesquels Notre-Seigneur et notre
bonne Mère firent connaître d'abord : que Ma-

rie-Anne Laus était un ange incarné. Voici de quelle manière ces billets annoncent que son incarnation a été opérée : Notre-Seigneur dit à un ange de former son corps avec du limon , ce qui ayant été fait , Notre-Seigneur mit dans ce corps une âme. Il dit au même ange de mettre alors ce corps dans un vide de la poitrine de M. Chaboud , curé de Lignan , pendant son sommeil , et de ne pas l'éveiller. Ces billets annoncent ensuite qu'après huit ans, Notre-Seigneur ordonna au même ange de retirer ce corps animé de la poitrine de M. le curé de Lignan , et de le porter et le mettre dans le sein de Marie Tabarié ; là , pour qu'il y acquît de l'accroissement , ce même ange lui apportait la nourriture nécessaire. Cet ange est appelé dans les billets : l'Ange du Père céleste. Marie-Ange (c'est le nom que lui donnent les billets au lieu de Marie-Anne) l'appelait : Mon père , mon cher père l'ange. M. Chaboud , curé de Lignan , m'a assuré que toutes ces choses étaient écrites dans les billets.

Quand l'accroissement de ce corps miraculeux fut complet , Marie Tabarié le mit au monde, et sa naissance a été aussi miraculeuse que sa conception , puisque personne du village n'assista à l'accouchement de sa mère , qui ne put dire comment il s'était opéré ; seulement qu'elle n'avait pas souffert du tout ; et ne savait qui avait emmaillotté son enfant et l'avait mis à côté d'elle dans son lit. Voyez les témoignages de Claire Laus, sœur de Marie-Ange et de Marie Blanc. M. Chaboud, curé de Lignan, m'a eu dit que Marie-Ange était sortie du sein de sa mère sans cordon ombilical ; qu'un jour, il avait vu son ventre, et qu'à la place du trou ombilical, il n'y avait aucune trace de ce cordon coupé, lors de sa naissance, mais un léger enfoncement, recouvert du même tégument que les autres parties de son corps. Il m'a eu dit aussi : que le sein de Marie-Ange n'avait jamais présenté le moindre accroissement, ce dont on pouvait bien se convaincre, en regardant la poitrine de Marie-Ange, depuis l'âge de quatorze ans, jusqu'à son âge de dix-neuf ans, époque de sa mort. Marie-Ange nous a eu dit qu'elle se rappelait quand elle était dans la poitrine de M. le curé, qu'elle n'était alors pas plus longue et grosse que le petit doigt, et qu'elle admirait alors ses doigts qui étaient si petits. Comme aussi elle nous a eu dit qu'elle nous avait connus avant même que nous fussions nés. Victoire Vialas en est un des témoins. Nous avons dit que Notre-Seigneur Jésus-Christ nous avait prescrit dans les billets d'appeler Marie-Anne Laus, *Marie-Ange*. Elle écrivit sous la dictée de Notre-Seigneur et de notre bonne Mère ces billets, pendant toutes les années 1816, 1817 et une bonne partie de l'année 1818. Ces billets manifestaient des choses merveilleuses relativement à Marie-Ange, figure de l'Église, à la conduite que devait tenir envers elle son père spirituel, figure de notre Saint-Père.

Ces Billets portaient aussi que notre Saint-Père le Pape Pie VII, connaissant par révélation l'existence de Marie-Ange, et désirant de la voir, notre divin Maître lui en avait donné le portrait avec celui de M. le curé de Lignan, son père spirituel, et qu'en présence de ces deux portraits, il disait : ô bienheureux Antoine Chaboud, je voudrais changer ma place avec la tienne. Dans ces billets aussi Notre-Seigneur Jésus-Christ conseille à notre Saint-Père le Pape Pie VII de renvoyer son secrétaire d'État, le cardinal Gonsalvi, à cause qu'il tenait plutôt pour l'Autriche que pour la France. M. le curé les envoya, en 1825, à la Sacrée Congrégation des Saints Rites, à Rome, avec trois manuscrits de lui, l'un relatant les paroles qu'elle avait proférées dans ses prédications, le second relatif à la conversion de Vincent Laus, frère de Marie-Ange ; et le troisième relatif à un homme de la montagne qui insulta Marie-Ange ; je vais donner le récit bien succinct de ces deux derniers manuscrits.

Vincent Laus, son frère, fut apprendre l'état de charron à Vias, chez un de ses cousins. Là, il abandonna les sacrements qu'il recevait de temps en temps depuis sa première communion ; il en fut puni par une blessure qu'il se fit à un de ses pieds. Marie-Ange le croyait bien malade ou mort, puisqu'étant guéri de sa blessure et étant venu un dimanche à Lignan, elle ne le reconnut pas pour son frère ; mais elle le reconnut comme un étranger du village de Vias. Pendant le repas, elle lui demandait des nouvelles de son frère Vincent, ajoutant : que je crois bien malade ou mort, Son frère lui répondait qu'il n'était pas mort, mais qu'il était bien malade, voulant dire qu'il n'était pas encore réconcilié avec Dieu. Mais, lui disait-elle : l'avez-vous vu, lui avez-vous parlé ? Son frère répondait : Oui. Marie-Ange lui fit d'autres questions auxquelles son frère ne sut ou ne put pas répondre, tant il était touché et attendri. Alors M. le curé qui était présent (Marie-Ange l'entendant mais ne le voyant pas) répondait pour lui ou lui soufflait les réponses, en l'assurant que, dans quinze jours, son frère reviendrait plein de vie, c'est-à-dire ressuscité à la grâce. Pendant ces quinze jours, son frère reçut les sacrementss de pénitence et d'eucharistie, et au bout de ce temps-là, il fut reçu par sa sœur et reconnu pour son frère par elle , ce qui les consola tous les deux et toute la maison.

Après cela , Vincent alla servir de garçon à divers charrons des environs de Lignan ; il venait de temps en temps voir sa sœur Marie-Ange et ses parents. Un jour sa sœur , qui prévoyait les malheurs qui l'attendaient à sou mariage , lui dit : Tant que tu pourras t'en éviter , ne te marie pas. Vincent n'écouta pas cet avertissement de Marie-Ange, se maria avec une fille de Murviel , très-avare , qui exigea que son père, Joseph Laus, lui donnât le quart de son bien *en préciput.* Mais que de peines et de malheurs n'a-t-il pas eus dans son mariage ! Son père fut tellement affligé d'avoir consenti à lui donner ce *préciput,* que ses autres enfants firent tout ce qu'ils purent pour le consoler. Ensuite , ayant eu deux garçons, ils tombèrent malades et moururent longtemps après. Sa femme étant toujours malade , finit par mourir d'une phthisie pulmonaire. Bientôt après , il fut atteint de la même maladie, qui le conduisit au tombeau encore fort jeune. Mais avant sa mort , il fut se prosterner devant le tombeau de Marie-Ange et de M. Chaboud , et faire là son *meâ culpâ* de son mariage , et il y entendit une voix qui lui en fit de vifs reproches ; alors , ne pensant qu'à Dieu , à la Sainte Vierge et à Marie-Ange , il voulut mourir dans la chambre de sa sœur, où il savait qu'il s'était opéré tant de merveilles. Il n'y fut pas plutôt porté et mis au lit, qu'il rendit son âme à Dieu, qui sans doute lui a fait miséricorde par l'intercession de Marie-Ange.

Au commencement du printemps de l'année 1816, Marie-Ange allant accompagner une de ses cousines de Sauvian, qui était venue la voir, rencontra sur le grand chemin, à la Croix de pierre, un homme de la montagne conduisant une mule chargée de bois pour vendre à Béziers. Cet homme l'insulta en lui disant : C'est toi qui es la Sainte de Lignan ? la menaça, et, tout de suite, sa mule fut renversée et lui aussi, à ne plus bouger de sa place jusqu'au soir, que Marie-Ange fut le délivrer. Marie-Ange accompagna un peu plus loin sa cousine, qui la voyant retourner vers cet homme, s'arrêta pour voir s'il ne la battrait pas, tant elle était épouvantée. Marie-Ange étant arrivée à sa maison n'en dit rien ; mais, vers le soir, elle dit à son père qu'il fallait qu'elle allât délivrer un homme sur le grand chemin, qui était bien embarrassé. Son père lui dit : Veux-tu que je vienne ? Elle répondit qu'elle n'avait besoin de personne. Son père la suivit néanmoins par un autre chemin, pour voir de loin ce qui se passerait. Quand elle fut devant cet homme, sa bête se

leva et lui aussi, et il revint à la montagne.
Marie-Ange sut bientôt après que cet homme
était bien malade, et ensuite qu'il avait fini
par mourir de sa maladie. Pendant ce temps,
elle ne cessa de prier pour lui, et de souffrir
des coliques affreuses, tant à Lignan comme
à Cazouls, où elle vint à cette époque ; et,
enfin, elle sut que cet homme était mort dans
les meilleures dispositions et réconcilié avec
Dieu. Ce fait de cet homme de la montagne
m'a été raconté par M. le curé de Lignan et
par Claire Laus, sœur de Marie-Ange.

Voici deux faits qui prouvent bien son innocence. Le sieur Peitavi Cadet, de Lignan,
jeune homme des plus riches du village, d'un
physique des plus accomplis, vint, un jour
de l'année 1817, abreuver ses mules à la fontaine ; Marie-Ange se trouvait à une petite
distance de lui. Alors Notre-Seigneur (comme
il est écrit dans les billets) la lui fit à ses yeux
d'une beauté ravissante, et, en étant épris,
il lui jetait de petites pierres qui ne lui firent
aucune impression. Bientôt après, il fut à la
maison de Marie-Ange la prier de lui faire des
bretelles de coton ; Marie-Ange, innocente,
les lui promit. Quelque temps après, étant
allé retirer ces bretelles, il lui donna une petite boîte fort jolie, remplie d'anneaux de verre
de toute couleur. Quand Marie-Ange eût ou-

vert la boîte et qu'elle eût vu les anneaux, elle brisa ces anneaux avec ses dents et les jeta, et depuis, il n'a plus été question de ce jeune homme. Mais plusieurs fois j'ai vu, et ses parents ont vu aussi, des anneaux de verre de toute couleur remplir tous ses doigts jusqu'au bout ; Marie-Ange s'en apercevant, les brisait tout de suite avec ses dents et les jetait ; cette opération finie, d'autres anneaux reparaissaient en aussi grande quantité, qu'elle brisait de même.

Pendant la grande sécheresse de l'année 1817, M. le curé de Lignan fut en procession, avec toute sa paroisse, à une chapelle du château de l'Espirau ; là il prêcha en disant que si Dieu nous punissait, c'est que nous n'observions pas les commandements de Dieu et de l'Église ; et il commença à énumérer l'un après l'autre ces commandements et les fautes que nous faisions à chacun d'eux. Marie-Ange comprit et s'expliqua bien tous les commandements, excepté celui : luxurieux point ne seras, et l'œuvre de la chair tu ne désireras. Étant revenue à Lignan, elle demanda à M. le curé ce que c'était ce commandement : luxurieux, etc., et l'œuvre de la chair tu ne désireras. M. le curé les lui expliqua ; mais Marie-Ange ne comprit pas ce qu'il lui disait. Elle le demanda à d'autres personnes, dans le village, qui ne le lui firent pas mieux comprendre. Enfin, après une semaine de recherches., notre bonne Mère lui dit que l'œuvre de la chair était l'œuvre des bouchers, ce qui la tranquillisa sur ces commandements pour toujours.

Dans la nuit du 23 octobre 1816, M. le curé de Lignan et d'autres personnes étant dans la chambre de Marie-Ange qui était en extase, entendirent les baisers que Notre-Seigneur et notre chère Mère faisaient sur sa bouche, et s'aperçurent que chaque baiser produisait une petite quantité d'une liqueur que Marie-Ange avalait ; quand elle en eût avalé une bonne quantité, les baisers continuant, elle laissa échapper cette liqueur par un côté de sa bouche ; alors M. le curé s'approchant la recueillit avec son doigt et l'avala ; quand il en eût avalé une assez bonne quantité, les baisers continuant, il en donna une léchée à chaque personne qui était dans la chambre. Les baisers continuant, et la liqueur s'échappant toujours des lèvres de Marie-Ange, M. le curé fit monter les personnes qui étaient dans la cuisine, qui toutes en goûtèrent et la trouvèrent délicieuse. La source n'étant pas encore tarie, les baisers continuant, M. le curé remplit de cette liqueur un mouchoir blanc de toile de Rouen, que j'ai avec les reliques de Marie-Ange, enveloppé d'un papier sur lequel M. le curé avait écrit : mouchoir imprégné de la liqueur des baisers de Jésus et de Marie ; recueillis, pendant la nuit du 23 octobre 1816 ; il en est question sur un billet de cette date. Ces baisers se renouvelèrent le 2 décembre 1816 ; j'ai encore des linges imprégnés de la liqueur de ces baisers, où il est écrit aussi de la main de M. le curé qu'ils ont été recueillis pendant la nuit.

Pendant l'année 1817, le sieur Bonnet, de Lignan, frère de Catherine Bonnet, sage-femme, encore en vie, vit et remarqua, un jour, un phénomène très-extraordinaire ; il dit qu'il avait vu une colonne de feu venant du ciel et descendant perpendiculairement sur la terre, et lorsque cette colonne de feu allait toucher la terre qu'elle aurait embrasée, elle revenait dans le ciel ; descendant encore, elle remontait ; enfin étant descendue une troisième fois, elle remonta et disparut. M. le curé de Lignan me dit que les billets avaient annoncé ce phénomène avant que Bonnet l'eût déclaré à personne, et il y était écrit que Dieu voulant embraser la terre à cause de nos iniquités, ne l'avait pas fait, en consultant plutôt ses miséricordes que sa justice.

M. Bourguet oncle, médecin opérant de Béziers, vint, dans l'année 1817, voir une malade, à Lignan ; M. le curé le conduisit à la chambre de Marie-Ange qui était dans son lit bien malade ; mais les billets avaient annoncé qu'à deux heures du soir elle serait guérie. M. Bourguet en étant averti, dit : ce n'est pas possible, elle a tous les symptômes de la mort ; je veux rester jusqu'à deux heures, et si elle est guérie, alors je croirai aux miracles. Il s'assit près de la table de la chambre et mit sa montre dessus, M. le curé étant auprès de lui. Quand la montre marqua deux heures du soir, il dit à M. le curé : vous voyez bien qu'il est deux heures, et elle n'est pas guérie ? M. le curé lui répondit : ce n'est pas votre montre qui doit régler le temps. Il n'eut pas plutôt dit cela, que l'horloge de Lignan sonna deux heures, et Marie-Ange se leva, s'habilla, étant tout-à-fait guérie. M. Bourguet s'en alla tout confus, en disant : je ne veux pas croire aux miracles. Un autre jour, le même M. Bourguet voulant s'assurer si ce que lui avait dit M. le curé était vrai, savoir : que quand Marie-Ange était en extase, on pourrait la couper par morceaux, qu'elle ne le sentirait pas, Marie-Ange étant alors en extase, M. Bourguet prit une grosse épingle et l'enfonça jusqu'au bout entre le pouce et l'index de Marie-Ange qui dit seulement, sans faire le moindre mouvement : quel est cet imprudent qui ose mettre sa main sur moi ?

Vers cette même époque, M. Julien, curé de Cazouls, ayant passé la journée à Lignan, et étant sur le point de partir, Marie-Ange l'engagea beaucoup à passer la nuit à Lignan, lui disant que quatre hommes s'étaient cachés pour l'attendre sur le chemin, non pour lui faire du mal, mais pour lui faire peur. Le lendemain matin, vers les quatre heures, le sieur Barthélemy Robert, de Cazouls, allant à Béziers, vit sortir de dessous un pont où M. Julien devait passer ces quatre hommes, qui lui firent peur de manière à ne pouvoir pas les reconnaître.

Le jour de la fête de l'Ascension de l'année 1817, un ange fut envoyé de bon matin dans la chambre de Marie-Ange pour la conduire, vêtue de ses beaux habits, non loin de sa demeure, auprès de trois corps d'arbre provenant d'une seule racine; cet ange lui dit : Éveillez-vous, amante de Jésus-Christ, votre bien-aimé vous attend. Marie-Ange y étant arrivée, elle y vit la Sainte Trinité et les saints de l'ancien et du nouveau Testament. La Sainte Trinité la montra alors à toute cette assemblée, qui voyant les grâces et la majesté de sa démarche, le vif éclat de ses yeux pleins d'amour, la douceur et la modestie de sa figure, reconnut en elle la véritable épouse des cantiques, l'épouse bien-aimée de Notre-Seigneur Jésus-Christ.

M. le curé de Lignan m'a raconté, il y a quarante ans, cette apparition mieux que je ne l'ai racontée moi-même, avec d'autres particularités que je m'abstiens de faire connaître, l'ayant lue dans les billets. Mais, un jour, ces billets qui sont à Rome nous seront communiqués, et alors on connaîtra mieux tous les détails, non-seulement de cette apparition, mais de beaucoup d'autres choses merveilleuses.

Quatre ou cinq mois avant la mort de Marie-Ange, Notre-Seigneur prescrivit dans les billets à M. le curé de Lignan de donner un soufflet à Marie-Ange, j'en ignore la cause. M. le curé m'en témoigna la peine qu'il en avait, connaissant son innocence, il obéit néanmoins.

Maintenant je vais donner le témoignage des parents et des amies de Marie-Ange qui ont vécu avec elle ; toutes ces personnes étant recommandables sous tous les rapports, je ne doute pas que leur témoignage ne soit reçu et reconnu véritable.

Premier témoin : Claire Laus, sœur de Marie-Ange, âgée d'environ 58 ans, déclare que son père, sa mère, ses frères et elle ont toujours respecté, vénéré Marie-Ange, qu'ils ne lui auraient rien commandé ; qu'elle mettait toujours la paix dans la maison ; qu'elle allait, étant jeune, à l'école et à l'église, et, tout l'autre temps, elle était à sa chambre. Claire m'a raconté l'affaire du soufflet que M. le curé donna à Marie-Ange à l'école, de la même manière que je l'ai racontée au commencement de cet écrit, ainsi que ses prédications, car c'est sur les déclarations de Claire Laus, de Victoire Vialas et d'Élisabeth Layssac que j'en ai écrit l'histoire.

Claire déclare ensuite qu'un jour, étant hors de la maison, gardant du linge à sécher et allant d'un côté et d'autre, elle vit sur un couvre-pied un bonbon gros comme une amande qu'elle prit et mit tout de suite dans sa bouche. Marie-Ange, qui devait savoir cela, était venue à la porte de leur jardin, appela sa sœur, en lui disant : Claire, viens, tu as trouvé quelque chose ? Claire répondit : j'ai trouvé un bonbon. Qu'en as-tu fait ? Je l'ai mangé. Claire rapporte qu'un jour Marie-Ange avait prié Mademoiselle Marion, sœur de M. Gély, Maire de Lignan, de lui apporter de Béziers une robe. Mademoiselle Marion se fit montrer à la marchande, Madame Tudier, des étoffes, et, sans se donner la peine de bien choisir, dit : il y en a bien assez pour Mariannette, (c'était le nom qu'on lui donnait étant jeune) ; arrivant de Béziers, elle fut remettre la robe ; Marie-Ange la recevant, lui dit : il y en bien assez pour moi.

Claire déclare qu'elle et toutes les personnes

de sa maison ont vu, un soir, dans la nuit, en 1816, la porte de la chambre de Marie-Ange étant fermée, une clarté qui était dans la chambre, et qui par un trou et un vide du côté gauche de la porte resplendissait jusqu'à la moitié de l'escalier; tous entendirent alors une voix claire, et Marie-Ange disait : Ne criez pas tant, on vous entendra ? Ensuite ayant regardé les uns après les autres par le trou et le vide du côté gauche de la porte, ils virent tous que Marie-Ange était enlevée en l'air à trente centimètres du pavé de la chambre. Claire déclare avoir vu souvent avec toute la famille la même clarté, mais pas si forte, à la veillée, au coin du feu, et, qu'on éteignît la lampe ou qu'elle fût allumée, la clarté était la même ; elle déclare aussi que plusieurs personnes du village le surent et vinrent la voir ; mais toutes ne la virent pas.

Le récit de l'événement des deux serpents, relaté au commencement de cet écrit, m'a été donné par Claire Laus, qui le tenait de Marie-Ange.

Claire Laus déclare qu'un jour de l'année 1816, elle fut tirer des pierres d'un champ près du village ; Marie-Ange vint d'elle-même, vers midi, l'aider avec sa corbeille. Elle travailla avec elle, pendant deux heures ; alors Claire entendit que sa sœur disait : rien que cette corbeille ! elle répéta trois ou quatre fois les mêmes paroles ; après , continuant à charger la corbeille , Claire vit le coussinet tomber de dessus la tête de sa sœur , plusieurs fois , avant de pouvoir y appuyer la corbeille dessus. Marie-Ange lui dit alors : Claire , tiens-moi ce coussinet dessus ma tête ; Claire obéit , et malgré qu'elle voulût et fît tout ce qu'elle pût pour le tenir , ce coussinet lui échappa de ses mains sans pouvoir le retenir, et cela plusieurs fois. Marie-Ange jeta alors sa corbeille et s'en fut à la maison.

Claire déclare avoir vu la clef de l'armoire de Marie-Ange suspendue au plafond de sa chambre, prenant, pendant les quarante jours qu'elle y resta, plusieurs positions. Tantôt elle était appliquée au plafond , tantôt pendante , n'y touchant que par une extrémité , tantôt verticale , tantôt oblique , changeant de place sur le plafond ; un jour elle était rapprochée du buge qui divise les deux chambres ; Paul Tabarié , frère de la mère de Marie-Ange , voulut essayer de l'attraper avec des pinces ; il la prenait d'un côté et d'autre pour la faire tomber ; mais voyant que la clef venait de toutes couleurs , il la laissa , et dit, en présence d'autres personnes et de Claire : Messieurs , je ne veux plus la toucher , parce que j'ai peur. Cette clef ayant disparu du plafond, parut alors sur la porte en marbre du tabernacle de l'église de Lignan, placée en travers et obliquement, où elle resta huit ou dix jours. J'ai rapporté, dans mon témoignage, comment M. le curé et moi avions été la prendre par ordre divin, et la remettre à l'armoire de Marie-Ange.

Voici la déclaration de Claire Laus relativement à la naissance de Marie-Ange. Claire déclare avoir entendu sa mère dire à d'autres femmes qu'elle avait bien souffert quand elle était accouchée de tous ses autres enfants, de manière à rester quarante jours au lit; mais que quand elle était accouchée de Marie-Ange, elle n'avait pas souffert, et qu'elle s'était bientôt levée pour faire son travail de la maison. Claire déclare avoir entendu que sa mère disait à ces femmes que lorsque sa mère, Anne Tabarié, était montée à la chambre et l'avait trouvée dans son lit avec son enfant emmaillotté à côté d'elle, elle fut alors étonnée de cela, et dit : il faut que j'aille en avertir ta belle-mère, et allant la chercher à sa maison, elle annonçait cet accouchement aux femmes qu'elle trouva sur sa route. Sa belle-mère étant arrivée, se plaignit de ce qu'elle ne l'avait pas avertie avant qu'elle accouchât ; alors Anne Tabarié lui répondit qu'elle-même n'avait pas été avertie ; la femme Mourgues , accoucheuse du village , qui était alors présente , lui dit aussi qu'elle non plus n'avait pas été appelée , puisqu'elle ne venait que pour la première fois , et qu'elle l'avait trouvée comme elle accouchée dans son lit. Claire Laus déclare aussi avoir entendu dire à sa mère que toutes les personnes qui virent Marie-Ange à ce moment de sa naissance disaient: quel bel enfant ! mais que quand elle eût pris du lait de son sein , la beauté de Marie-Ange diminua.

Voici la déclaration de Claire Laus relativement à la communion miraculeuse de Marie-Ange. Claire déclare qu'un jour , après avoir resté malade au lit pendant quelque temps , Marie-Ange se leva et se disposa à entendre la messe dans sa chambre , en présence d'environ douze personnes , parmi lesquelles Claire , sa mère et son frère Joseph. Elle fut prendre , étant en extase , un livre dans son armoire , se plaça à genoux devant une chaise , tournée vers l'église ; on entendit qu'elle disait alors : Ah! vous dites que le prêtre sort de la sacristie , et tous ceux et celles qui étaient dans la chambre se mirent à genoux , et plusieurs dirent : nous allons entendre la messe. Ensuite elle dit : Ah ! vous dites que le prêtre commence la messe , et tout de suite elle fit le signe de la croix , les autres en firent de même. Ah ! vous dites que le prêtre dit le *Confiteor*. Ainsi de suite de toutes les parties de la messe jusqu'à la communion du prêtre. Marie-Ange posa alors son livre sur la chaise, pria un instant, et ayant levé ses yeux au ciel, ses mains jointes sur sa poitrine, elle commença à sortir sa langue ; alors Claire, sa mère, son frère Joseph, virent comme un papillon blanc qui s'arrêta devant la bouche de Marie-Ange et se posa un instant après sur sa langue. Sa mère, qui était auprès d'elle, se leva droite, et la croyant morte, sa bouche étant toujours ouverte et l'hostie sur sa langue, dit à sa fille Claire d'aller chercher M. le curé. Claire trouva M. le curé venant de finir la messe et entrant dans la sacristie, et lui dit : ma mère m'envoie pour que vous veniez à la maison, s'il vous plaît, parce que ma sœur peut-être mourra. M. le curé étant arrivé, vit la bouche ouverte, la sainte hostie sur la langue nullement ramollie, pouvant bien lire les lettres qui y étaient imprimées, et dit que cette hostie n'était pas des siennes ; alors, touchant le menton de Marie-Ange, il lui dit : allons, mon enfant, avale la sainte hostie, et tout de suite elle l'avala ; et après, M. le curé lui dit: faisons notre action de grâces, et tous les deux la firent.

Claire déclare que si elle avait eu plus d'âge

et de bon sens , elle ne se reprocherait pas maintenant de n'avoir pas veillé Marie-Ange lorsqu'elle lui disait : Tu oses aller au lit , et moi souffrante ; Claire , fatiguée de la journée , ne l'écoutait pas et allait se coucher. Claire ne se ferait aussi aucun reproche de n'avoir aucune relique du linge de Marie-Ange , si elle , plus jeune que sa sœur , ne lui avait dit : Toi , toujours les tabliers neufs , et moi les vieux ; ce à quoi Marie-Ange avait répondu : Attends , attends ; un jour tu te plaindras de n'avoir pas de mes tabliers vieux. Maintenant elle déclare s'en plaindre , parce que moi qui suis le dépositaire responsable des habits et reliques de Marie-Ange , je ne puis lui rien donner. Entre autres preuves que Marie-Ange connaissait souvent ce qui se passait loin d'elle , Claire rapporte que son père s'étant endormi au coin du feu de la cuisine , pendant la nuit , tandis que Marie-Ange était en haut dans son lit bien souffrante , il tomba les mains dans le feu , et s'étant éveillé , il fut se coucher , et passant devant le lit de Marie-Ange , elle lui dit s'il avait bien cuit les sardines.

Claire déclare qu'un soir , dans la nuit , Marie-Ange étant dans son lit souffrante , elle et ses parents étant autour de son lit , entendirent une voix claire et lointaine , et tout de suite Marie-Ange dit : on vous entendra , elle

ajouta après : vous le voulez, et moi aussi.
Claire étant malade, fut servie nuit et jour par
Marie-Ange, qui lui donnait de la tisane su-
crée par ses bonbons et non par du sucre ordinaire, à cause de la pauvreté de la maison.
Claire assure que cette tisane était bien bonne
et qu'elle ne se croyait pas servie par sa sœur,
mais par la Sainte Vierge.

Claire raconte qu'un autre jour, Marie-Ange,
fatiguée d'écrire et surtout d'écrire sans voir
ce qu'elle écrivait, sortit de sa chambre sans
permission et s'en alla à l'église. Le soir, à
son retour à la maison, elle voulait entrer
par la porte qui était ouverte, mais sans le
pouvoir; elle en était toujours repoussée. Son
père et M. Henri, instituteur, employèrent
alors toutes leurs forces pour la faire entrer,
mais inutilement. Ses parents furent obligés de
lui donner le souper dehors, et elle fut obligée d'aller coucher avec Victoire Vialas, au
jardin du château. Claire déclare que bien souvent Marie-Ange allant porter un billet à M.
Chaboud, le présentait à son père en pleurant
pour qu'il lui dît s'il était écrit. Une autre fois
qu'elle écrivait toujours sous la dictée de Notre-
Seigneur et de notre bonne Mère, Claire ne
put pas ouvrir la porte de sa chambre, qui
résistait comme une muraille, pour aller prendre des provisions pour le souper; un mo-

ment après, sa mère vit dans l'escalier ce qu'il fallait pour le souper, plié dans un linge, Marie-Ange n'ayant pas quitté sa place, et la porte ayant resté toujours la même. Claire nous a dit que la porte de la chambre de Marie-Ange résistait comme une muraille; eh bien, elle existe encore dans le même état qu'elle était alors, et à la voir, on pourrait bien juger qu'elle ne résisterait pas à un bon coup de pied; et cependant toutes les personnes qui l'ont vue fermée miraculeusement, disent qu'elle résistait alors comme déjà une muraille. Claire assure avoir vu bien souvent cette porte fermée, et toujours quand elle ou ses parents avaient besoin de quelque chose, soit de la chambre, soit de l'armoire de Marie-Ange, un instant après on le trouvait dans l'escalier.

Claire a vu plusieurs fois Marie-Ange, étant sacristine du maître-autel et de la chapelle de Notre-Dame, couper la queue des roses, et les appliquant tout le long des flûtes ou des chandeliers, tenir au même instant de l'application. Je n'ai pas vu Marie-Ange appliquer ces roses, mais je les ai vues appliquées ainsi sur les chandeliers du maître-autel de l'église de Lignan. Quand on lui disait comment cela se faisait? Elle répondait : C'est par le commandement de Moïse. Son amie, Élisabeth Layssac, sacristine comme elle, voulut faire la même chose , mais les roses tombèrent.

Claire déclare qu'après la mort de Marie-Ange , son père écrivit tout de suite à son frère Antoine , restant à Roquemaure , la mort de sa fille. Celui-ci lui répondit en lui disant qu'il n'en était pas étonné, que la même nuit qu'elle était morte, étant éveillé, il avait vu une clarté qui éclairait toute sa chambre et qui dura assez de temps , ce qui avait fait dire à sa femme que quelque chose serait arrivé à son frère.

Claire déclare qu'un soir , son père , sa mère , son frère Joseph et elle allaient se coucher. Son père avait déjà monté trois escaliers; Marie-Ange qui était aussi avec eux , venant après son père , ouvre alors la porte du dehors et dit : Jamais homme vieux sur la terre n'a vu ce que j'ai vu dans les Cieux à présent.

Claire déclare qu'un jour , Marie-Ange étant seule à la maison avec son frère Antoine qui avait à peine six ans , elle avait mis devant le feu des haricots pour le souper ; Antoine fut chargé par elle de les faire cuire pendant qu'elle était à sa chambre ; mais celui-ci s'amusa à en manger et à les porter par cuillerées dans un pot d'olives qui était au-dessous de l'évier (ce qui ne se sut que par la suite); quand Marie-Ange s'en aperçut, elle vit qu'il n'y avait dans le pot qu'une cuillerée de haricots ; elle se désolait , et sa mère étant arrivée pour tremper la soupe , se désolait aussi , n'ayant rien pour le souper de huit personnes. M. le curé étant venu pour les consoler , proposa à Marie-Ange d'avoir des œufs pour le souper ; mais elle n'y consentit pas et engagea alors sa mère, d'après un ordre divin, à tremper la soupe avec l'eau des haricots , et à mettre le peu de haricots qui étaient au fond du pot dans un autre plat. Tous étant à table , chacun prit une bonne assiette de soupe ; ensuite tous se servirent abondamment des haricots de l'autre plat , et en mangèrent tant qu'ils en voulurent , et malgré cela , il resta dans ce plat la même quantité de haricots qu'on y avait mise. Comme cela les étonna tous , Marie-Ange leur dit : Dieu y a pourvu. Ce fait-là , attesté par Claire Laus , Joseph Laus , Antoine Laus , m'a été attesté par Vincent Laus, plusieurs fois , de son vivant.

Claire déclare que sa mère étant allée à un champ leur appartenant , où il y avait des pommes de terre , elle s'aperçut qu'on en avait volé une grande quantité , ce qui la mit en colère jusqu'à la maison , où Marie-Ange la voyant dans cet état, lui dit : Ne vous inquiétez pas de ce vol , il y aura autant de pommes de terre que si on ne les avait pas volées; ce qui arriva comme elle l'avait dit.

Claire déclare que son père avait une sœur

mariée à Lignan, plus intéressée aux biens terrestres et plus à son aise que lui, qui ne voyait pas avec plaisir que son frère ne fît pas travailler Marie-Ange à la campagne, comme ses autres enfants. Quand l'occasion se présentait, elle ne manquait pas de le lui dire ; son frère lui répondait que cela ne la regardait pas, que lui le voulait ainsi. Claire ajoute que sa tante n'en resta pas là ; un jour, elle dit à Marie-Ange qu'elle était une paresseuse. Depuis lors, Marie-Ange ne la vit plus, ne l'entendit plus quand elle lui parlait ; quand Marie-Ange passait devant sa maison, elle n'y voyait qu'un creux à fumier. Claire déclare qu'un jour d'hiver, la tante de Marie-Ange, qui était aussi sa tante, leur ayant porté une quantité de bois que lui avaient fait les scieurs-de-long, sa mère mit tout ce bois au feu, qui étant tout allumé produisit une grande chaleur dans la cuisine. Marie-Ange ne voyait pas ce feu ni n'en sentait pas la chaleur ; elle ne voyait qu'un petit morceau de bois que son père y avait mis, et disant à sa mère de mettre au feu plus de bois, parce qu'elle avait froid, et sa mère lui répondant qu'il y en avait tant, et qu'eux se chauffaient trop, alors elle mit sa main et son bras dans le brasier pour arranger le petit morceau qui y avait mis son père, sans se brûler, sans se chauffer même, et finissant par se dépiter , elle dit : puisqu'il en est ainsi , je m'en vais chez M. Henry , qui me fera chauffer. Quelque temps après , Marie-Ange rencontra sa tante dans le jardin du château ; ce jour-là , elle la vit , la reconnut , et lui sautant au cou , la croyant morte , elle tomba évanouie.

Claire déclare avoir vu M. le curé faire avec son pouce le signe de la croix sur les lèvres de Marie-Ange, lorsqu'elle avait ses dents serrées pendant ses attaques ; M. le curé disait alors en faisant ce signe de croix : *Eph-phétha*. Marie-Ange parlant à Claire et à d'autres personnes de la fin du monde, disait que les enfants de nos enfants la verraient. Claire déclare que son père Joseph Laus lui dit , un jour , qu'on lui avait donné le choix d'être riche ou d'être pauvre , mais que lui avait choisi la pauvreté ; Claire lui dit alors : vous auriez dû demander une pauvreté un peu plus aisée que celle où nous sommes.

Claire enfin déclare qu'un jour , son père étant monté à la chambre et la traversant , Marie-Ange qui savait que notre divin Maître y était présent lui dit : chapeau bas et genoux à terre ; ce qu'il fit tout de suite , étant saisi d'une profonde vénération. Les frères de Claire et sa mère m'ont rapporté également ce fait.

Claire déclare que lorsque Marie-Ange avait

les attaques , elle demeura une fois environ quinze jours sans parler ; alors les personnes du village ne cessèrent de dire à son père et à sa mère d'aller trouver les devins , et comme ils ne les écoutaient pas , ces personnes leur disaient qu'ils n'aimaient pas leur fille ; que s'ils l'aimaient , ils iraient trouver le devin ; à force d'entendre ces propos, son père se décida à y aller , et s'étant habillé , il passa devant Marie-Ange , qui par ses signes et mouvements réitérés , lui marquait de n'écouter personne et de rester à la maison ; alors son père dit à sa mère : tu vois bien que ma fille ne veut pas que j'y aille , et il resta à la maison.

CLAIRE LAUS.

Second témoin : Joseph Laus , frère de Marie-Ange , âgé d'environ soixante ans , déclare avoir entendu les prédications de Marie-Ange, comme Claire , sa sœur , l'a témoigné en sa présence ; seulement il ajoute que des personnes riches et étrangères désirant entrer dans la maison quand Marie-Ange prêchait , lui offraient des écus de cinq francs pour qu'il leur ouvrît la porte ; il les aurait acceptés , mais Marie-Ange le sachant , l'empêcha de les prendre. L'affluence était si grande alors dans la maison , qu'il déclare qu'un jour , pendant ces prédications , il descendit l'escalier en glissant sur les têtes des personnes qui le remplissaient en entier. Il assistait au souper de la multiplication des haricots, et me l'a raconté comme Claire , sa sœur , nous l'a déclaré.

Joseph Laus déclare qu'un soir , dans la nuit , il était autour du lit de Marie-Ange , alors malade ; une voix claire et lointaine se fit entendre , et tout de suite sa sœur dit : On vous entendra , elle ajouta après : Vous le voulez et moi aussi. Joseph Laus déclare se rappeler quand ses parents furent obligés de donner le souper à Marie-Ange hors de la maison , parce qu'elle ne pût pas y entrer , et qu'elle fut obligée d'aller coucher ailleurs que dans sa chambre. Il assure aussi que , bien souvent , ayant besoin des provisions et autres choses qui étaient dans sa chambre ou dans l'autre qui venait après , ses parents ne pouvant y aller , la porte de l'escalier ne pouvant pas s'ouvrir et résistant à tous les efforts , toujours ces provisions , ces linges , étaient , un instant après , pendus à la porte ou sur l'escalier.

Joseph Laus déclare avoir vu Marie-Ange habillée , étant malade , et coiffée par une main invisible , et cela plusieurs fois.

Le témoignage de Joseph Laus relativement à la clef de l'armoire de Marie-Ange qui demeura longtemps au plancher de sa chambre, changeant de direction et de position, est le même de sa sœur Claire. Il en est de même pour la communion miraculeuse de Marie-Ange ; il déclare avoir vu et entendu pour cette communion tout ce que nous a rapporté sa sœur Claire.

Joseph Laus déclare qu'un soir, dans la nuit, en 1816, on lui dit : Va ouvrir la porte de la chambre où est Marie-Ange ; il y fut, et trouva la porte fermée, et voyant une grande clarté semblable à la clarté du soleil qui était dans la chambre, et qui éclairait la moitié de l'escalier, il appelle ceux qui étaient dans la maison qui vinrent voir cette clarté ; alors ils entendirent une voix claire et Marie-Ange disant : Ne criez pas tant, on vous entendra. M. le curé étant appelé, passa une barre à un vide qui était au côté gauche de la porte, et tous virent Marie-Ange enlevée en l'air à une hauteur de trente centimètres.

Joseph Laus déclare qu'il a vu souvent, ainsi que ses parents, cette clarté (pas aussi éclatante pourtant que celle qu'ils avaient vue dans la chambre), à la veillée, au coin du feu, et qu'elle était la même, la lampe étant éteinte ou allumée. Il déclare aussi l'avoir vue ailleurs.

Joseph Laus déclare que, le premier jour

de l'an 1817 , Marie-Ange descendit de sa chambre , et ne trouvant que son père et lui dans la cuisine, leur dit de se mettre à genoux, et ils obéirent ; elle leur montra alors une belle image où il n'y avait qu'un Christ ayant les cinq plaies couvertes d'un sang frais et vermeil ; ensuite elle donna à chacun un bonbon gros comme une amande et pria son père de porter ce Christ à M. le Curé, ajoutant qu'il en aurait une bonne étrenne. Joseph Laus déclare que, le même jour, Claire, sa sœur, étant hors de la maison , gardant du linge à sécher, trouva sur un couvre-pied le bonbon dont nous avons parlé dans son témoignage.

Joseph Laus déclare avoir été le principal témoin du fait ci-dessous. C'était vers la fin de l'année 1817 ; la rivière grossit tellement que, de mémoire d'homme, on ne l'avait jamais vue aussi forte ; Marie-Ange me dit à moi , son frère Joseph : Demeure à la maison., et je vais voir jusqu'où va la rivière qui croissait toujours et que je venais de voir , n'étant pas éloignée de notre maison. A son retour, elle lui dit : Va-t-en la voir maintenant ; j'y fus, et en étant revenu , elle me dit : Eh bien ! a-t-elle diminué ? Je lui répondis elle a diminué de cinquante centimètres , et tout de suite elle me répondit : Je le savais bien.

Joseph Laus déclare et ses parents aussi

avoir entendu plusieurs fois dans la nuit (Marie-Ange étant dans son lit souffrante) une personne prenant une tasse de dessus la table de sa chambre qui est assez éloignée de son lit , s'approchant d'elle en remuant la tisane avec la petite cuillère pour fondre les sucreries , et après lui donner à boire.

Joseph Laus était aussi présent , le soir où tous ceux de la maison allaient se coucher ; son père ayant déjà monté trois degrés de l'escalier, Marie-Ange venant ensuite et ouvrant la porte du dehors , elle dit : Jamais homme vieux sur la terre n'a vu ce qu'à présent je vois dans les cieux.

Joseph Laus déclare avoir vu souvent Marie-Ange écrire les billets , et plusieurs fois il l'a vue écrivant couramment, ne regardant pas le papier sur lequel elle écrivait en tournant sa tête d'un côté et d'autre.

Joseph Laus déclare que, sa mère la voyant presque continuellement dans les souffrances les plus douloureuses qui attaquèrent sa tête, ensuite son bas-ventre , et plus tard sa poitrine , lui dit, un jour , en sa présence : ô ma fille ! que je suis affligée de te voir tant souffrir ! Joseph Laus déclare que Marie-Ange lui répondit : je souffre pour nos péchés.

Nous , soussignés , déclarons avoir entendu

la déposition de Joseph Laux, et comme il a déclaré ne savoir signer, nous avons signé pour lui.

JULLIA.   BILLIÈRE.

Troisième témoin : Antoine Laus, frère de Marie-Ange, âgé d'environ cinquante-trois ans, n'avait que sept ans quand Marie-Ange nous fut enlevée ; il ne peut pas nous dire de grands témoignages. Il déclare avoir vu, un jour, une femme mendiante, chantant et portant une sainte Vierge en cire ; Marie-Ange l'ayant vue, monta à sa chambre et revint portant un joli ruban, et dit à cette femme si elle lui permettait de mettre ce ruban au cou de la Vierge, ce qui lui fut accordé. Antoine vit alors cette Vierge faire le mouvement de sa tête pour faciliter l'application du ruban autour de son cou, et il lui parut aussi que la Vierge riait. Cette femme s'en étant allée, Antoine dit à Marie-Ange : cette Vierge est en vie ? Je l'ai vue remuer la tête et rire ; Marie-Ange lui répondit : Cela te l'a paru ainsi ; mais n'en dis rien.

Antoine déclare qu'il se rappelle bien qu'un jour Marie-Ange l'avait chargé de faire bouillir des haricots pour le souper de la famille ; il se rappelle bien qu'il s'amusa à en manger étant

déjà cuits et à en transporter le restant à cueil-
lerées dans un pot d'olives qui était sous l'é-
vier ; il se rappelle bien que Marie-Ange ne
voyant presque plus de haricots dans le pot,
se désolait ; alors il s'en fut derrière la maison
se cacher dans un entonnoir de bois hors d'u-
sage qui était là. Quand ses parents se mirent
à table, Marie-Ange vint le prendre en lui disant qu'on ne le battrait pas. Il déclare avoir
mangé des haricots qui étaient sur la table autant qu'il en voulut, et avoir vu, qu'après le
repas, il en restait encore dans le plat. Il déclare enfin que ce ne fut que plus tard, lorsque sa mère vit les haricots dans le pot d'olives, qu'il déclara que c'était lui qui les y avait
mis.

ANTOINE LAUS.

Quatrième témoin : Victoire Vialas, âgée
d'environ soixante-deux ans, alors fille du jardinier du château de Lignan, née à Cazouls-
lès-Béziers, déclare avoir vu, avec Jeannette
Henry, Marie-Ange ravie en extase dans le ciel.
Voyant alors son frère Célestou qui était mort
depuis peu en bas âge elle lui disait : Ah ! que
tu es beau, Célestou ! etc. Victoire déclare
aussi que la première parole que Marie-Ange
prononça en prêchant fut celle-ci : Vous dites
que mon état est misérable, le vôtre est plus

misérable que le mien. Ce jour-là Marie-Ange prêcha plus d'une heure ; on fut chercher M. le curé, qui vint et resta droit longtemps. Alors Marie-Ange dit : Donnez une chaise au ministre de Jésus-Christ qui tombe en défaillance. Victoire déclare que, dans une des autres prédications, Marie-Ange dit qu'il n'y avait pas plus de quinze à vingt personnes du village qui fussent agréables à Dieu.

Victoire Vialas raconte que bientôt après la première communion de Marie-Ange et avant l'événement des serpents, elle se promenait, le jour de la fête du village, avec Mademoiselle Justine Billière, Marion Roudier et Marie Delcelier, actuellement domestique des Messieurs Billière, et passant devant le bal, une de ses compagnes les engagea à entrer ; Marie-Ange suivit, mais quand elle fut sur la porte, elle ne vit plus rien, et le disant, toutes s'en retournèrent.

Victoire déclare que, vers 1815, on s'aperçut que Marie-Ange voyait les uns et ne voyait pas les autres, qu'elle entendait les uns et n'entendait pas les autres. Victoire raconte qu'elle est venue plusieurs fois au jardin du château pour l'aider à cueillir du jardinage ; alors elle la voyait et l'entendait, et ne voyait et n'entendait pas les autres qui étaient à cueillir avec elles. Si Victoire lui disait : il y a ma mère, ma belle-sœur, alors elle ne l'entendait pas. Quande elle savait que Victoire arrosait, elle suivait le cours de l'eau, et étant arrivée au bout, elle restait là, et quoique Victoire y fût, elle ne la voyait pas ni ne l'entendait. Victoire continue à déclarer qu'un jour s'étant fait mal à un arbre, une contusion, Marie-Ange lui dit, quelque temps après : Je n'étais pas bien loin quand cet accident t'est arrivé, et peu s'en est fallu que je ne vinsse avec du papier trempé d'eau pour le mettre sur ta contusion.

Victoire déclare qu'elle fût, un jour de dimanche, à la maison de Marie-Ange, comme c'était son habitude l'après-dîner ; elle trouva beaucoup de monde dans la maison et dehors; n'entrant pas et se promenant sur la banquette de la fontaine, elle entendit dire que Marie-Ange ne reconnaissait pas son frère Vincent, qu'elle le prenait pour un étranger de Vias, qu'elle ne voyait pas M. le curé qui était assis près de la table, répondant aux questions qu'elle faisait en français à son frère, quand celui-ci était embarrassé d'y répondre. Marie-Ange ayant fini ses questions, sortit de la maison. Victoire déclare qu'elle ne vit qu'elle sur la banquette, et la regardant en souriant, elle l'entraîna avec elle dans l'église ; tout en y allant, elle lui dit : Il y avait à la maison un

Monsieur qui m'assurait que mon frère Vincent n'était pas mort, ce dont elle doutait, parce que, disait-elle, il demeure bien du temps à venir les voir. Victoire dit que, réfléchissant après sur cela, elle ne pouvait pas concevoir qu'elle ne vît pas son frère, et qu'elle le prît pour un étranger. Quelque temps après, Marie-Ange étant avec Mademoiselle Marion, Mademoiselle Claire, Mademoiselle Nazarine, l'une sœur et l'autre nièce de M. le curé, Victoire les reconnut toutes, excepté Marie-Ange, qu'elle prit pour une étrangère.

Victoire déclare qu'elle désirait beaucoup d'être au nombre des amies de Marie-Ange ; elle désirait aussi d'être sacristine avec elle, à l'église ; mais comme étant étrangère, elle ne put pas y arriver ; elle fut néanmoins contente que Marie-Ange fût nommée sacristine ; en pensant qu'elle viendrait plus souvent à son jardin pour cueillir des fleurs pour l'église. Ses parents auraient tout donné à Marie-Ange et étaient très-contents que leur fille fût amie d'elle.

Victoire déclare que Marie-Ange avait un très-grand discernement, et connaissait tout ce qu'on pouvait et voulait faire contre elle. Victoire déclare n'avoir jamais connu qu'elle ait fait la moindre faute vénielle. Quand elle et Jeannette Henri pouvaient être avec elle, elles étaient, d'après sa déclaration, dans la même disposition des disciples d'Emmaüs envers Notre-Seigneur, quand il fut avec eux.

Victoire déclare qu'elle a couché souvent avec Marie-Ange, ainsi qu'Élisabeth Layssac et la nièce de Marianne Dufil; mais, un jour, d'après les ordres de M. le curé, Victoire dit qu'elle seule coucherait, ce jour-là, avec elle. Marie-Ange lui dit un jour qu'elle couchait avec elle : Quand il me faut lever dans la nuit pour écrire les billets, pour que tu ne le saches pas, je te fais le commandement de Moïse, et pour savoir s'il est bon, je t'appelle, et voyant que tu ne réponds pas, je dis : le commandement est bon.

Victoire raconte qu'une nuit elle s'était mise la première au lit ; Marie-Ange, qui était sur le point de se coucher, étant déjà deshabillée, disait à la Sainte-Vierge : Aidez-moi, je ne puis pas monter au lit, et dans un instant, elle fut dans le lit bien arrangée. D'autres nuits, Victoire entendait que Marie-Ange disait : Venez ici, et Victoire déclare qu'elle était toute tremblante, craignant de n'être pas digne d'être là où elle était. Marie-Ange disait à Victoire qu'elle savait qu'elle gardait bien le secret ; elle savait ce que faisait Victoire quoique alors elle fût éloignée d'elle.

Victoire déclare que Marie-Ange connaissait l'intérieur de beaucoup de personnes.

Victoire déclare qu'un jour Marie-Ange lui dit, étant toutes les deux dans le jardin, que le démon l'avait battue, en lui montrant la main qui en avait reçu les coups. Relativement à deux autres filles de Lignan, qui simulaient des attaques et faisaient d'autres choses extraordinaires, Marie-Ange dit à Victoire qu'elles voulaient l'imiter, et pour cela s'aidaient du secours du démon.

Victoire dit qu'elle avait laissé une robe à la chambre de Marie-Ange; voulant la mettre le dimanche d'après, elle ne le put parce que cette robe était alors dans l'armoire de Marie-Ange, qui était au lit, et la clef de l'armoire au plancher. La semaine d'après, Victoire, sans le dire à personne, sut que sa robe, pliée dans une serviette, était sur la table de sa chambre.

Victoire a su et vu aussi que, quand la porte de la chambre de Marie-Ange était fermée, c'est-à-dire quand on ne voulait pas qu'on entrât dans la chambre, les choses dont on avait besoin, soit pour le manger, soit pour autre chose, se trouvaient, un instant après, dans l'escalier.

Victoire déclare qu'étant priée un jour par Marie-Ange de lui repasser du linge, elle descendit de sa chambre pour lui parler pendant qu'elle repassait. Alors Victoire entendit que la porte de sa chambre était secouée rudement. Marie-Ange lui dit : Il faut que je m'en aille écrire ; et , ne partant pas tout de suite , la porte fut secouée de plus fort ; elle dit alors : je viens , et monta tout de suite.

Victoire était présente aussi le jour où Marie-Ange étant avec ses amies chez M. Henry, instituteur , elle disait : Il faut que je m'en aille à ma chambre, et, restant un peu, la porte de l'escalier de M. Henry s'ouvrit rudement d'elle-même , à la vue de toutes les personnes qui étaient présentes , et Marie-Ange partit tout de suite.

Victoire déclare qu'un soir Marie-Ange vint pour coucher avec elle, sans lui dire quelle en était la cause ; plus tard , elle sut qu'elle avait été punie de ne pouvoir pas entrer dans sa maison, parce qu'elle avait refusé d'écrire des billets. Dans la nuit, elle dit à Victoire qu'elle entendait quelque chose semblable à ce qu'elle entendait dans sa chambre ; Victoire lui dit : c'est peut-être quelque souris ; Marie-Ange lui répondit : ce n'est pas cela.

Victoire déclare que Marie-Ange , avec ses amies faisaient des goûters, chaque année , le dimanche de *Quasimodo*, chez M. Henry, instituteur, qui s'absentait alors pour les laisser plus libres de s'amuser. Elles avaient, pour le dernier qu'elles firent, un lapin qu'elles avaient marqué et qu'elles nourrissaient mieux que les autres; mais quand elles voulurent le tuer, elles le trouvèrent mort et encore chaud. A ces goûters, Marie-Ange en se mettant à table disait qu'il lui fallait deux places et pour cela bien du large.

Victoire déclare avoir vu quand Marie-Ange plaçait des roses et autres fleurs sur la porte du tabernacle de la chapelle de la Ste-Vierge; elle voulait les faire tenir sur les rainures de cette porte; mais elle ne pouvait pas y réussir; alors elle disait: Je vais te faire le commandement de Moïse; et tout de suite, elles tenaient et ne tombaient pas.

Victoire déclare avoir vu la clarté avec d'autres personnes dans la chambre de Marie-Ange, pendant le jour, les fenêtres fermées; on aurait dit que c'était la clarté du soleil, et cependant le soleil ne pouvait pas y pénétrer pour éclairer la chambre de cette manière.

Victoire déclare avoir goûté de la liqueur des baisers de Notre-Seigneur et de notre bonne-Mère, s'échappant de la bouche de Marie-Ange, pendant la nuit du 23 octobre 1816.

Victoire dit que, dans une extase de Marie-Ange, on entendit qu'elle disait à la Sainte Vierge: Mes amies vous ont-elles prise pour leur mère?

Un jour qu'on célébrait un mariage, à Lignan, Marie-Ange dit à Victoire que, si elle la croyait, elle ne se marierait pas.

Victoire dit qu'étant toutes deux dans le jardin du château, elles se promirent que la première qui mourrait serait portée par l'autre, quand même une serait à Cazouls et l'autre à Lignan. Victoire lui disant: J'aimerais mieux mourir avant toi, Marie-Ange lui répondit: Non, je prierai mieux pour toi dans le Ciel, et peut-être je viendrai au moment de ta mort.

Victoire déclare que son père, un des plus forts et gros hommes de Lignan , ne put pas soulever Marie-Ange, assise sur la banquette du parterre du château, la prenant par le dessous des épaules, un jour qu'elle était en extase.

Victoire déclare que sa nièce, Marie Vialas, eut, à l'âge de dix-sept mois, une maladie de cinquante-quatre jours: M. le Curé la servait et n'en avait aucun espoir de guérison. Le cinquante-quatrième jour, c'était un dimanche, Marie-Ange la veilla avec elle, ayant eu la permission de M. le Curé, son confesseur, et, vers minuit, sa nièce Marie, s'amusant avec les chaînes de Marie-Ange, fut guérie subitement. Quand elle fut un peu plus âgée, Jeannette Henry lui dit: dis cela à une telle; Victoire lui dit alors: ne dis pas cela, parce que Dieu te punirait. Marie-Ange , qui était aussi présente, dit à la petite Marie : dis-le lui, parce que si Dieu te punit, je viendrai à ton secours comme lorsque tu étais malade. Cette guérison m'a été racontée aussi, en 1817, par M. le Curé de Lignan et par d'autres personnes du village.

VICTOIRE VIALAS.

Cinquième témoin : Élisabeth Layssac , de Lignan , âgée d'environ soixante-deux ans. Elle déclare avoir été à l'école et avoir fait sa première communion avec Marie-Ange ; après elle fut nommée par M. le curé sacristine du maître-autel de l'église avec elle. Elle déclare que, l'année d'après, M. le curé les nomma sacristines de la chapelle de la Sainte Vierge ; alors cette nomination se faisait le jour de l'Annonciation ; plus tard , elle se fit le jour de Notre-Dame du Rosaire ; M. le curé voulait la nommer encore sacristine avec Marie-Ange ; elle hésitant à donner son consentement, mais enfin s'étant décidée à le donner, elle sut ensuite que M. le curé avait connu son acceptation avant qu'elle l'eût manifestée à personne.

Élisabeth déclare que , la veille de la Noël 1815 , elles balayaient l'église ensemble ; midi sonnant, Marie-Ange fut sonner l'*Angelus*, étant contente et riante ; après , étant allée à sa maison , Élisabeth la suivit ; lorsqu'elle fut à sa chambre , elle s'assit sur une chaise , et, avec ses mains s'inclinant , elle semblait tenir quelque chose et l'adorer , faisant signe à Élisabeth d'en faire autant ; alors Élisabeth lui dit de prier l'Enfant Jésus pour elle. Vincente Grimaud , de Lignan , qui était présente , dit à Élisabeth : rien que pour toi ! dis à Marie-Ange qu'elle prie l'Enfant Jésus pour moi et pour tous. Plusieurs curés et prêtres des environs de Lignan ont vu , avant et après la Noël , Marie-Ange adorant l'Enfant Jésus , l'ont adoré avec elle , et , s'étant prosternés , ont baisé l'endroit où elle leur disait être placé. Madame Chaboud , de Béziers , nièce de M. le curé de Lignan , possède une Naissance de Notre-Seigneur en sucreries, disposée en triangle , où la Sainte Vierge est représentée par une rose blanche , Saint Joseph par une prune violette , où il y a l'Enfant Jésus , un plat rempli de sa chair coupée en petits morceaux, des vases contenant les présents des rois mages , etc. , avec un encadrement de bonbons et de feuilles de chêne couleur d'or ; le tout , donné miraculeusement à Marie-Ange , qui demeura longtemps prosternée devant cette Naissance.

Élisabeth déclare que M. le curé éprouvait souvent Marie-Ange, et elle craignait beaucoup M. le curé ; bien souvent , elle lui portait des billets blancs croyant qu'ils fussent écrits , et cela n'était pas étonnant , puisque ce qu'elle écrivait était blanc pour elle ; M. le curé voyant cela , lui disait alors : Tu te moques de moi ; cela la rendait bien triste. Élisabeth dit qu'elle allait bien faire voir les billets à M. Henry , instituteur , avant de les porter à M. le curé ; M. Henri lui disait bien s'ils étaient écrits ou non , mais Marie-Ange ne l'entendait pas.

Élisabeth déclare l'avoir vue , la première fois qu'elle écrivit , étant à côté de la table , et voulant voir ce qu'elle écrivait ; Marie-Ange couvrit l'écriture , ce qui lui donna à connaître qu'elle ne devait pas le savoir.

Élisabeth déclare que, la veille de Notre-Dame d'Août, la voyant triste , elle lui demanda ce qu'elle avait ; Marie-Ange lui répondit que M. le Curé l'avait grondée, qu'elle ne voulait pas rester à Lignan pour la fête , qu'elle irait à Sauvian. Elle resta néanmoins ; le soir , elle la vit contente. Elisabeth ajoute que tout cela n'était que des épreuves.

Élisabeth déclare que quand Marie-Ange était contente, elle s'amusait beaucoup avec ses amies. Bien souvent, le soir des dimanches et fêtes, elles s'amusaient à sire mire, d'ou viens-tu? Élisabeth déclare aussi qu'elle était d'une adresse étonnante , qu'elle dirigeait les amusements, c'est-à-dire qu'elle dirigeait la barque, d'après les mêmes expressions d'Élisabeth.

Élisabeth déclare qu'un jour de printemps de l'année 1816, après midi, elle vit Marie-Ange dans sa chambre , élevée en l'air toute allongée, les mains jointes sur sa poitrine, à la hauteur de trente centimètres ; en même temps elle vit aussi une grande clarté : vous auriez dit le soleil dans sa chambre , quoique les fenêtres fussent fermées. M. le curé y était présent ainsi que ma sœur Mas , supérieure de la Charité de Clermont-Ferrant , et la sœur Goût , institutrice , qui demanda à M. le curé la permission de mettre la main sur cette clarté pour voir si elle était chaude ; Marie-Ange dit tout de suite : Quelqu'un chargera , alors la sœur retira sa main.

Élisabeth déclare qu'un jour la mère de Marie-Ange l'ayant priée de tenir compagnie à sa fille , à cause qu'elle devait aller à une messe de *Requiem* d'une de ses parentes , Élisabeth se rendit à son invitation et se plaça à l'escalier , parce que Marie-Ange était au lit et la porte de la chambre était fermée. Sa mère voulant changer de coiffe , celle qu'elle portait n'étant pas propre , fut contrariée que cette porte fût fermée ; alors Élisabeth montant l'escalier, vit une coiffe propre pendue au loquet de cette porte ; la mère de Marie-Ange fut alors contente.

Élisabeth déclare qu'à la seconde prédication de Marie-Ange, M. Imar, curé de Murviel, étant présent, lui recommanda ses paroissiens ; elle lui répondit : ce sont des ingrats ! M. Julien, confesseur de M. le curé de Lignan, ayant été chassé de Cazouls, au commencement de la Semaine-Sainte, fut vu par Élisabeth allant, le Vendredi-Saint, adorer la croix, étendant ses deux bras de manière à lui faire impression.

Élisabeth a su par Marie-Ange qu'un de ses parents avait été puni pour avoir quitté le bal, où il jouait d'un instrument de musique, pour aller à l'église assister à un baptême d'un de ses enfants. Élisabeth a su par M. le curé que l'enfant de Pierre Julia, mort à l'âge de dix ans, était dans le ciel ; il en était question dans les billets.

Élisabeth déclare que Marie-Ange portait quelquefois, les jours de fêtes, des chaînes d'or à son cou, où il y avait une couronne d'épines qui environnait le cœur de Jésus et de Marie. Un dimanche, Élisabeth vit sur ces cœurs du sang frais et liquide, et le lui ayant dit, elle n'entendit rien.

Élisabeth déclare avoir vu Marie-Ange,

toute droite devant sa maison regardant le ciel, ses dents étaient serrées ; dans un instant elles se desserrèrent, et pouvant parler elle dit : J'ai vu et entendu des choses qu'il n'est permis à personne de rapporter. Une autre fois, étant avec ses amies, chez M. Henry, instituteur, elle dit la même chose.

Élisabeth déclare que Marie-Ange était gaie, très-amusante quand elle était contente et qu'elle ne souffrait pas. Elle faisait, une fois l'année, après Pâques, avec ses amies, des goûters. Ses amies étaient Victoire Vialas, Élisabeth Layssac, Jeannette Henry et Marie Roudier. Tous ces goûters se faisaient chez M. Henry, qui s'absentait alors. Le soir de ces goûters, elles s'amusaient à sire mire, d'où viens-tu ? Quand elle prenait sa place à ces goûters, elle demandait deux places, disant : Je suis bien grosse, il me faut deux places. A un de ces goûters où l'on devait manger un lapin qu'elles nourrissaient pour cela, quand il fallut le tuer, on le trouva mort et encore chaud.

Élisabeth déclare qu'un jour de la Fête-Dieu elle fut voir si Marie-Ange viendrait à la procession (la sachant malade) ; sa mère lui dit de monter à la chambre ; elle y monte et la voit assise sur son lit ; en même temps elle vit que son fichu s'arrangeait sur ses épaules par une main invisible et entendit qu'elle disait : Vous voulez que j'aille à la procession , on me fera tomber ; elle ajouta ensuite : Ah! vous dites qu'on ira doucement. Élisabeth, saisie et émue de ce qu'elle avait vu et entendu , n'oublia pas d'aller doucement à la procession en portant la croix , par rapport à elle et à ce qu'elle avait entendu. Le soir , après-dîner , elles furent au jardin du château ; Victoire étant présente , elle ne la voyait pas , elle disait : Je cueillerais bien une rose , si Victoire y était. Élisabeth lui disait : Elle y est ; mais elle ne l'entendait pas.

Élisabeth déclare que quand Marie-Ange venait à Cazouls, elle commençait à souffrir au moment qu'elle entrait dans le territoire de cette commune ; à son retour , les souffrances ne la quittaient que lorsqu'elle passait ses limites. Elle assure aussi que Marie-Ange annonçait des événements qui arrivaient dans les pays éloignés , et arrivaient au même moment qu'elle les annonçait.

Élisabeth déclare qu'un dimanche, M. le Curé de Lignan ayant avancé les vêpres , pour aller assister à la mort de M. Daumas, curé de St-Nazaire , Marie-Ange lui dit : Pourquoi M. le Curé avance-t-il les vêpres ? Élisabeth le lui dit , mais elle ne l'entendit pas. Quand M. Daumas fut mort , au même instant Marie-Ange dit : Je sais que maintenant M. le Curé pleure bien de ses deux yeux.

Un jour Marie-Ange dit à Élisabeth d'aller chercher un livre dans sa chambre, mais de ne pas l'ouvrir, ce qu'Élisabeth exécuta, et le lui ayant remis, Marie-Ange tira de ce livre et lui lut une belle prière qu'elle faisait pour ses calomniateurs.

Élisabeth déclare que quand elle quêtait avec Marie-Ange, dans le village, pour la chapelle de la Sainte Vierge, et qu'elle étaient devant la maison de sa tante, elle n'y entrait pas, ne voyant à la place de la maison qu'un creux à fumier. Si Élisabeth y entrait, Marie-Ange lui disait : Ou vas-tu? tu vas dans un creux à fumier.

Élisabeth déclare que, la veille de la mort de Marie-Ange, elle était dans sa cuisine auprès d'elle ; son père, qui venait de voir la rivière, lui dit : Eh bien ! ma fille, que fais-tu ? Marie-Ange lui répondit : Que voulez-vous que je fasse? Depuis que je suis dans ce monde, je ne fais que souffrir, je ne sais comment le bon Dieu n'a pas compassion de moi ; et elle pleura, étant bien triste. Élisabeth, toute émue, ne dit rien et s'en alla à sa maison. Le lendemain, dans la nuit, elle entendit des cris ; elle se leva et fut la voir à sa chambre : elle était morte.

Élisabeth déclare qu'elle ne l'a jamais vue commettre la moindre faute vénielle.

ÉLISABETH LAYSSAC.

Sixième témoin : Mademoiselle Justine Billière , actuellement Madame Farret , épouse de M. Farret , notaire à Thézan , âgée d'environ soixante-deux ans, déclare qu'ayant fait, à la maison de son oncle Gély , maire de Lignan , la lessive , Marie-Ange lui proposa de l'aider à repasser le linge ; il faisait alors bien chaud. Elles décidèrent de faire ce repassage dans la nuit , craignant les reproches de M. le curé. Quand presque tout le monde de la maison fut couché , et surtout M. le curé , nous partîmes avec Marie-Ange de la maison de mon oncle pour aller au presbytère , où nous devions repasser le linge ; le tonnerre grondait alors ; étant sur la place , un fort éclair nous éblouit ; je lui dis tout de suite : Nous sommes perdues ! Marie-Ange me répondit en patois : *Laïsso-mé amigua Nostré-Ségné ;* en français : Laisse-moi rendre ami Notre-Seigneur et cela ne sera rien. En même temps , elle se mit au coin de la porte du presbytère , les mains devant les yeux , et moi à peine j'entendis le tonnerre , tandis que beaucoup de personnes en furent épouvantées. Marie-Ange lui dit alors : Je te l'avais bien dit que cela ne serait rien. Elles entendirent après de petits tonnerres comme ceux qu'elles entendaient en partant de là maison ; cela ne les empêcha pas de repasser le linge pendant toute la nuit.

Madame Farret a vu la clef de l'armoire de Marie-Ange au plancher de sa chambre, ne tenant pas du tout à ce plancher.

Madame Farret a vu Marie-Ange allongée sur le pavé de sa chambre, ses mains croisées sur sa poitrine, enlevée en l'air d'environ trente centimètres.

Madame Farret déclare que Marie-Ange lui a dit souvent, en lui montrant un gros livre dans lequel il y avait une image, ces paroles : Vois cette figure, c'est ta mère qui est dans le Ciel. De toutes les personnes qui ont connu la mère de Madame Farret, aucune ne doute qu'elle ne soit dans le Ciel. Oh ! quelle bonne personne était sa mère !

Madame Farret déclare que, pendant les prédications de Marie-Ange, M. Galtié, de Thézan, vint chez M. Gély, son ami. Après le dîner, elle accompagna ce Monsieur vis-à-vis la maison de Marie-Ange, qui nous ayant vus, étant sur la banquette de la fontaine, nous fit signe de venir, et alors M. Galtié et moi nous montâmes à sa chambre, et là, nous la vîmes placer la pointe d'un seul pied sur la traverse de son lit, tourner sur ce seul pied sans d'autre appui et prêcher en même temps.

Madame Farret déclare qu'avant de mourir, Marie-Ange lui avait dit : Tu me porteras, à mon enterrement, ajoutant qu'alors tout le monde serait étonné de l'état où elle serait.

JUSTINE BILLIÈRE-FARRET.

Septième témoin : Louise Mourgues, de Lignan, actuellement restant à Béziers, âgée d'environ 60 ans, déclare être du nombre des personnes qui virent la communion miraculeuse de Marie-Ange, dans sa chambre ; elle entendit quand elle disait : Ah ! vous dites que le prêtre sort de la sacristie ; ah ! vous dites que le prêtre commence la messe ; alors elle se mit à genoux comme les autres, disant : nous allons entendre la messe. Elle déclare aussi que Marie-Ange en extase fut à son armoire, sans se retourner, prendre quelque chose, et se mit à genoux devant une chaise, la face tournée vers l'église ; qu'avant la communion, posant son livre sur le bord de la chaise, ce livre tint sans appui ; que Marie-Ange dit alors : Quelles belles lettres ! elles sont d'or ; qu'ensuite ayant levé ses yeux au Ciel, ses mains jointes sur sa poitrine, elle ouvrit la bouche, sortit sa langue; alors elle vit, ainsi que les autres personnes présentes, une hostie sur sa langue, qui resta telle, jusqu'à ce que M. le Curé fût venu, et ayant considéré cette hostie, celui-ci dit qu'elle n'était pas de celles de son église. M. le Curé après lui ayant dit: Mon enfant, avale l'hostie, Marie-Ange retira sa langue et l'avala.

Louis déclare avoir vu la clef de l'armoire de Marie-Ange au plancher de sa chambre ; un jour elle la vit dans une position parallèle au plancher ; un autre jour, elle semblait ne tenir au plancher que par une extrémité.

Louise déclare avoir vu, pendant la messe de minuit de l'année 1817, Vincent Laus, frère de Marie-Ange, aller, au commencement de la messe, pendant deux fois, allumer les chandelles de la chapelle de la Sainte Vierge et ne pouvant pas en venir à bout, et après lui, le nommé Joseph Sabatier y allant pour les allumer et ne réussissant pas plus que Vincent, on fut obligé de les laisser sans les allumer ; mais quand M. le curé entonna le *Gloria in excelsis*, Louise déclare qu'une main invisible les alluma toutes six dans un instant. Ce fait m'a été raconté et attesté plusieurs fois par Vincent Laus, confirmé aussi par M. Julien, curé de Cazouls, qui fut plutôt que moi à Lignan, après la Noël de 1817, confirmé aussi par M. Chaboud, curé de Lignan. Vincent Laus m'assurait que lorsqu'il faisait tout ce qu'il pouvait pour les allumer, Marie-Ange, sa sœur, qui était placée près de l'autel de la Sainte Vierge, souriait de manière à faire croire qu'elle savait ce qui arriverait.

Louise déclare que, la veille de la fête de Noël, elle fut visiter Marie-Ange, et la trouva dans la cuisine près du feu en extase, et y ayant resté, elle comprit qu'elle adorait l'Enfant Jésus qui, d'après Marie-Ange, devait être sur un peu de paille. Quelque étranger ayant dit dans la maison des paroles grossières, Louise l'entendit dire : Ah ! vous voulez que je monte, et en effet, elle monta à sa chambre. Louise déclare que ce n'était pas la première fois qu'elle l'a vue en extase ; elle l'a vue plusieurs fois dans cet état. Louise déclare qu'elle n'a vu commettre la moindre faute vénielle à Marie-Ange.

Nous, soussignés, déclarons avoir entendu la déposition de Louise Mourgues, et comme elle a déclaré ne savoir signer, nous avons signé pour elle.

BILLIÈRE Noel.   MARTEL, d. m. p.

Huitième témoin : Mademoiselle Billière,

nièce de M. Gély, maire de Lignan, et sœur aînée de Madame Farret, étant plus âgée que Marie-Ange, et dans son jeune âge ayant été en pension hors de son pays, elle ne l'a pas connue autant que sa sœur, et ne peut pas d'elle-même nous en donner un grand témoignage. Elle nous dira néanmoins beaucoup de choses qu'elle a entendu et su de Marie Blanc, qui a servi M. le curé de Lignan et son oncle Gély pendant vingt ans, fille recommandable sous tous les rapports.

Mademoiselle Billière déclare qu'un mois avant sa mort (qui arriva en 1858), Marie Blanc lui dit qu'après le baptême de M. Chaboud, curé de Lignan, à l'église, sa mère le deshabilla et trouva du sang à sa chemise, ne pouvant s'en donner la raison; que postérieurement dans les billets dictés à Marie-Ange par Notre-Seigneur et notre bonne Mère, il était écrit que M. Chaboud avait été circoncis avec le même couteau qui avait servi à l'Enfant Jésus; qu'un jour, M. Chaboud, étant un peu plus grand et âgé, tomba d'une haute fenêtre de sa maison, à Béziers, et tint à la muraille près de la fenêtre par un moyen inconnu, (cet événement m'a été raconté par M. Chaboud, curé de Lignan,) de manière que sa mère eut le temps de le retirer par cette fenêtre. Elle lui dit aussi qu'à l'église du collége de Béziers , M. Chaboud monta sur une échelle qui était placée sur une table pour atteindre (l'échelle n'étant pas assez longue) une fenêtre et y mettre un rideau ; l'échelle glissa , et il tomba de bien haut sur le pavé de l'église sans se faire aucun mal. Elle lui dit que M. Chaboud étant exilé en Italie , il consacra sa paroisse de Lignan à la Sainte Vierge; à son retour de l'exil , il promit à la Sainte Vierge que , s'il revenait curé de son ancienne paroisse , il lui construirait une chapelle en son honneur , (M. Chaboud , curé de Lignan, m'a dit à moi les mêmes paroles) , et ferait aussi en son honneur une octave après la fête de son Assomption , en y lisant la prière de la consécration.

Mademoiselle Billière déclare que Marie Blanc lui a raconté alors aussi la naissance miraculeuse de Marie-Ange , la tenant d'Anne Tabarié , sa grand-mère. Marie Blanc dit à Mademoiselle Billière que Marie Tabarié , mère de Marie-Ange , était avec sa mère Anne Tabarié dans sa maison. Sa mère dit à sa fille : je m'en vais travailler au jardin (qui était attenant à la maison) ; quelque temps après elle rentre , et ne voyant pas sa fille , monte à la chambre, et la trouve au lit et lui demande : qu'as-tu fait ? Marie Tabarié lui répond : une fille , qui était à côté d'elle emmaillottée.

Mademoiselle Billière déclare que Marie Blanc lui dit après que , dans les billets , il était écrit que les linges qui avaient servi pour l'Enfant Jésus avaient servi pour Marie-Ange.

Mademoiselle Billière déclare que Marie Blanc lui a raconté la conception miraculeuse de Marie-Ange. Marie Blanc lui dit que Notre-Seigneur Jésus-Christ dit à un ange de former un corps avec du limon. Le corps étant formé, Notre-Seigneur y mit une âme ; il dit à l'ange d'aller mettre ce corps dans la poitrine de M. le curé (1) qui dormait , en lui disant de prendre ses précautions , et que quand il serait à la porte de sa chambre , de quitter ses souliers pour ne pas l'éveiller. C'était la veille du départ de M. le curé pour l'Italie , le 9 août 1791 ; ce corps, ajoute Marie Blanc , fut mis dans sa poitrine pour le fortifier dans son voyage. Son voyage fut tout gai au milieu de la tristesse des autres prêtres.

Mademoiselle Billière déclare que Marie Blanc lui a dit qu'un jour , portant de la tisane à M. le curé , dans la sacristie de l'église, elle trouva Mademoiselle Claire Chaboud pros-

---

(1) Cette conception m'a été racontée ainsi par M. Chaboud , curé de Lignan ; il m'ajouta que , dans les billets , il était écrit que ce corps animé avait été placé par l'ange dans un vide que nous avons au-dessous de *l'os sternum;* je lui dis : c'est le médiastin.

ternée devant le calice ; M. le curé lui dit de se mettre à genoux aussi , et prenant le calice, il lui montra un anneau teint du sang de Notre-Seigneur. C'était , dit-elle , l'anneau de fiançailles que Marie-Ange avait perdu et cherché depuis quelques jours ; elle avait prié Marie Blanc de bien balayer la chambre de M. le curé pour le trouver.

Mademoiselle Billière dit que Marie Blanc sut que Marie-Ange avait été fiancée à son bien-aimé ; que ses fiançailles se firent à l'église de Lignan ; M. Henry en était le clerc , M. le curé le ministre , et l'anneau des fiançailles lui fut alors donné. M. Chaboud m'a parlé dans le temps de ces fiançailles.

Mademoiselle Billière déclare que Marie Blanc lui dit : Il y a une chose qui me fait bien trembler , c'est qu'elle sut qu'il n'y aurait pas (pendant la vie de Marie-Ange) plus de vingt personnes de sauvées dans le village.

Mademoiselle Billière déclare aussi que Marie Blanc assure que l'acte du baptême de Marie-Ange est venu du ciel ; que cet acte porte qu'elle fut baptisée le 6 octobre 1799 , par M. Mailhac , prêtre non assermenté , oncle de M. Jean Mailhac , de Maraussan. Je me rappelle bien que M. Chaboud , curé de Lignan , m'a parlé de cet acte de baptême , ainsi que de M. Mailhac, prêtre, sans pouvoir le détailler comme l'a fait Marie Blanc.

Mademoiselle Billière déclare posséder la précieuse et inestimable relique que portait M. le curé de Lignan, couverte du sang de Notre-Seigneur Jésus-Christ, et que Notre-Seigneur avait portée lui-même; elle possède aussi une prière pour les âmes du purgatoire, écrite par M. Chaboud, curé de Lignan, que voici :

O Père éternel, Dieu infiniment saint, notre bon Père, qui êtes aux cieux, nous recommandons à votre divin cœur les âmes du purgatoire. Nous vous prions de jeter un regard de bonté sur les amoureuses victimes de votre justice éternelle; nous vous supplions de les délivrer de leur captivité et des peines qu'elles y endurent, de les recevoir dans votre céleste royaume, de leur permettre de vous y glorifier par leur amour, et de leur faire trouver dans cet amour le bonheur qu'elles désirent et que vous leur avez promis. Ainsi soit-il.

Après cette prière, se trouvent écrits, aussi par M. Chaboud, ces mots: Marie-Ange, souvent les stations, baisers à la quatrième et même aux autres; soupirs continuels; larmes, etc.

Louise BILLIÈRE.

Neuvième témoin: Victor Hébray, âgé

d'environ 64 ans, natif de Cazouls-lez-Béziers, était garçon jardinier au jardin du château de Lignan, pendant les années 1815, 1816, 1817. Il était alors bien connu de Marie-Ange et de ses parents, ainsi que de M. Gély et de ses neveux et nièces, mais surtout de M. le curé, à cause qu'il accomplissait ses devoirs de bon chrétien, qu'il n'a jamais abandonnés.

Il déclare que Marie-Ange, ayant passé 24 jours dans son lit, sans boire ni manger, se leva après, et plaçant un pied sur la traverse longue de son lit, elle prêcha, en tournant sur le gros orteil de ce pied, sans d'autre appui, pendant une heure et demie; sa figure n'était pas animée, sa voix était claire et sonore, et ses gestes expressifs, Hébray déclare aussi que plusieurs personnes de Lignan, sachant comme lui qu'elle avait resté tant de jours sans boire ni manger, et la voyant déjà enlevée en l'air, parler et agir de cette sorte, en étaient très-étonnées, et disaient que c'était bien un miracle.

Hébray déclare l'avoir vue, un autre jour, prêchant toujours dans la même position, écrire sur un papier qu'elle tenait sur sa main gauche, couramment, avec aisance, tournant toujours sur le gros orteil d'un de ses pieds, les autres parties de son corps n'ayant pas d'autre appui.

Hébray déclare aussi qu'il était persuadé qu'elle ne voyait pas ce qu'elle écrivait. Il déclare l'avoir vue, d'autres fois, écrire sur la table de sa chambre toujours couramment, facilement, étant toujours persuadé qu'elle ne voyait pas ce qu'elle écrivait, puisqu'il a vu des personnes qui, pendant qu'elle écrivait, lui passaient la main devant ses yeux : elle écrivait toujours sans que ses paupières fissent le moindre mouvement. Il ajoute que les écrits qu'elle a faits, pendant trois années consécutives, doivent être bien volumineux.

Hébray déclare que, pendant les dernières prédications de Marie-Ange, il y avait une si grande affluence d'étrangers à Lignan, qu'on aurait pu croire être à une foire. Il déclare que Marie-Ange, prêchant sans quitter sa position et sans les voir, appelait certaines personnes qui étaient devant la porte ou même dans la rue, et les faisait monter à sa chambre pour qu'elles pussent mieux l'entendre ; qu'alors la porte de sa chambre s'ouvrait d'elle-même pour les personnes qu'elle appelait, et se fermait d'elle-même, de manière à ne pouvoir l'ouvrir pour les personnes qu'elle n'appelait pas et qu'elle ne voulait pas introduire dans sa chambre.

Hébray déclare avoir vu la clef de l'armoire de Marie-Ange au plancher de sa chambre, ne tenant nullement à ce plancher.

Hébray déclare qu'un soir d'un dimanche , Marie-Ange étant au presbytère (où logeait alors seulement la sœur Goût, institutrice,) avec ses amies et surtout Victoire Vialas, leur dit : Je vois maintenant , au jardin du château, un jeune homme qui s'amuse bien avec des filles du village, qui y ont été prendre de l'eau de la fontaine du jardin, et qui y resteraient à s'amuser encore , si à leur maison on n'avait pas besoin d'eau. Hébray déclare que , le même soir, Victoire Vialas , fille de son maître jardinier, lui ayant raconté ces paroles, le moment et le lieu où elles avaient été dites, se sentant désignée par Marie-Ange sans qu'il fût possible que de l'endroit où elle était elle pût voir ce qui se passait au jardin, il en fut très-étonné et se sentit porté à vénérer cette sainte fille encore davantage.

Hébray déclare qu'à la messe d'un dimanche de l'année 1816 (c'était le dimanche que Vincent Laus devait communier après sa conversion), Marie-Ange se présenta la première à la Sainte-Table , accompagnée de quatre personnes de sa maison ; les autres personnes qui devaient communier aussi, au lieu d'aller se placer à côté d'elles , restèrent , par un mouvement de respect, à leurs places, et n'y allèrent qu'après elles.

Il déclare aussi qu'un jour, son maître ,

Alexandre Vialas, homme des plus gros et des plus forts de Lignan, voulant soulever Marie-Ange qui était alors en extase assise sur la banquette du parterre de M. Salvan, ne put la soulever, en la prenant par le dessous de ses épaules. Il voulait alors s'assurer si ce qu'on lui avait dit était vrai, et que jusques-là il ne pouvait pas concevoir. Hébray déclare que Marie-Ange a été considérée par lui comme une sainte fille, ne pouvant l'accuser de la moindre faute, et M. Chaboud, son père spirituel, comme un saint prêtre, le plus saint prêtre qu'il ait jamais connu.

Victor HÉBRAY.

Dixième témoin : Jeanne Gabaudan, âgée de 65 ans, née à Lignan, restant vis-à-vis la maison de M. Gély, déclare avoir été du nombre des personnes qui veillèrent M. Chaboud, curé de Lignan, la nuit de sa mort ; c'est elle qui prit les pieds de M. le curé pour les mettre sur le dos de la chaise qui avait servi à Marie-Ange. Elle déclare aussi que lorsque M. le curé invoquait saint Joseph, il l'entendit dire saint Joseph est là, en faisant signe qu'il était au pied de son lit.

Jeanne déclare que M. le curé lui avait dit qu'après sa mort, elle aurait beaucoup de malheurs, et que quand un malheur lui arriverait, elle se rappellerait de lui.

Jeanne déclare avoir entendu dire que les chandelles de la chapelle de Notre-Dame furent allumées par une main invisible, au *Gloria in excelsis* de la messe de minuit de l'année 1817.

Jeanne déclare qu'étant à l'église, elle fut invitée, après la messe de M. le curé, à venir voir l'hostie qui reposait sur la langue de Marie-Ange, lorsqu'elle eût communié miraculeusement. Elle entendit quand M. le curé lui dit : Allons, mon enfant, avale l'hostie ; et l'ayant avalée, M. le curé lui dit : Faisons notre action de grâces. Elle déclare aussi qu'après l'action de grâces, Marie-Ange se leva et fût vers la fenêtre, comme si elle accompagnait et remerciait ceux qui lui avaient porté la Sainte Communion.

Jeanne déclare qu'un jour, Marie-Ange étant allée au jardin du château, avant d'arriver à la maison du jardinier, elle rencontra sa tante qu'elle ne voyait et n'entendait pas depuis longtemps, et même si quelqu'un lui parlait d'elle, elle ne l'entendait pas ; ce jour-là elle la vit, et lui sautant au cou, la croyant morte, elle s'évanouit. Ce fait m'a été raconté, il y a longtemps, par d'autres personnes.

Jeanne déclare que, dix jours avant sa mort, Marie-Ange lui dit : Toi qui as bien du courage, tu m'habilleras quand je serai morte ; Jeanne lui répondit : Et si je meurs plutôt que toi ? Eh bien ! je t'habilllerai, lui dit Marie-Ange, mais il faut que tu m'habilles. Alors Jeanne le lui promit, et ne manqua pas à sa promesse.

Jeanne déclare avoir vu M. Imar, curé de Murviel, M. Assié, alors curé de Maraussan, et M. Eustache, alors vicaire à Saint-Nazaire, adorant l'Enfant Jésus, avant ou après les fêtes de la Noël, pendant que Marie-Ange le voyait et l'adorait dans sa chambre. Jeanne ajoute que Marie-Ange disait alors à l'Enfant Jésus : Faites-leur voir au moins votre clarté.

Jeanne a assisté aux prédications de Marie-Ange et l'a vue n'appuyant que la pointe d'un de ses pieds sur la traverse longue de son lit, tourner en disant les paroles les plus belles avec beaucoup de conviction. Elle déclare que, ne pouvant pas entrer dans sa chambre et étant dehors sur la banquette de la fontaine, d'où on pouvait bien l'entendre, Marie-Ange vint la prendre avant de prêcher ; elle déclare aussi qu'elle venait chercher de préférence les personnes du village.

Jeanne déclare avoir été, un jour, chez Marie Roudier, amie de Marie-Ange, la prier de l'aller trouver pour obtenir d'elle quelque chose. Marie Roudier partit tout de suite, laissant Jeanne à sa maison, et trouva Marie-Ange sur sa porte, qui lui dit : Tu viens pour telle chose, dis à Jeanne que je ne puis pas la lui obtenir.

Jeanne déclare que la mère de Marie-Ange lui a dit plusieurs fois que sa fille Marie-Ange avait été, le jour de la fête de l'Ascension, de bon matin, auprès d'un arbre, non loin de sa maison ; que là elle avait vu la Très-Sainte Trinité sur l'arbre, et les Saints de l'ancien et du nouveau testament occupant le terrain qui est tout autour de cet arbre. Jeanne déclare que la mère de Marie-Ange lui avait dit aussi que, le lendemain, sa fille était revenue auprès de cet arbre et qu'elle y avait vu encore la trace des pieds de tous ces Saints.

Nous, soussignés, déclarons avoir entendu la déposition de Jeanne Gabaudan, et comme elle a déclaré ne savoir signer, nous avons signé pour elle.

JULLIA.   BILLIÈRE.

Onzième témoin : Marie Boutet, épouse de Pierre Jullia, de Lignan, nièce de Marie-Anne Dufil, âgée de 56 ans, déclare avoir assisté à la communion miraculeuse de Marie-Ange. Elle déclare qu'elle disait, étant dans sa chambre : Ah ! vous dites que le prêtre sort de la sacristie ; ah ! vous dites qu'il dit le *Confiteor* ; ainsi de suite jusqu'à la communion. Marie Boutet déclare qu'elle vit alors Marie-Ange poser son livre, joindre ses mains sur sa poitrine, lever les yeux au ciel, ouvrir la bouche, sortir sa langue, et sur cette langue, elle vit une hostie. Elle déclare que sa mère cria : Ma fille va mourir ! et dit à Claire Laus d'aller chercher M. le curé, qui vint et trouva l'hostie intacte sur la langue, et lui dit alors de l'avaler ; c'est ce que Marie-Ange fit.

Marie Boutet déclare l'avoir vue prêcher en tournant sur un de ses pieds, sans autre appui que ce seul pied, sur la traverse longue de son lit. Son mari, Pierre Julia, âgé de 60 ans, qui était présent quand sa femme me faisait cette déclaration, m'a déclaré aussi, en présence de son fils, maire de Lignan, qu'il avait vu Marie-Ange prêcher en tournant sur la pointe d'un seul de ses pieds appuyé sur la traverse longue de son lit, n'ayant d'autre appui que cela et disant de très-belles choses.

Marie Boutet était présente quand la cuisse de Marie-Ange s'enfla d'une manière extraordinaire ; Marie-Ange était dans son lit et à sa chambre, et beaucoup de personnes entrèrent dans sa chambre pour voir cette enflure. Marie-Ange étant en extase, Marie Boutet déclare avoir entendu ces paroles d'elle : Ah ! vous dites que l'on est bien étonné de cette enflure. Ah ! vous dites que les uns disent une chose , et les autres autre chose de cet événement. Ah ! vous dites que si on est très-étonné de cette enflure , que ne dira-t-on pas après ma mort lorsque mon corps...... M. le curé de Lignan raconta à moi et à M. Julien ce fait , peu de temps après qu'il fut arrivé , en nous disant qu'il avait été annoncé dans les billets que la cuisse de Marie-Ange s'enflerait une nuit et un jour, et se désenflerait à telle heure du même jour , ce qui arriva selon cette annonce ; M. le curé ajouta que la conversation de Marie-Ange en extase devait nous faire croire qu'à sa mort il arriverait quelque chose d'étonnant. Cette chose étonnante fut l'enflure de tout son corps , qui fut tellement forte , qu'il ne put entrer dans son cercueil ; et si l'on avait parlé en tous sens de l'enflure de la cuisse de Marie-Ange , combien plus à sa mort on parla de l'enflure de son corps.

Nous , soussignés , déclarons avoir entendu la déposition de Marie Boutet , et comme elle a déclaré ne savoir signer , nous avons signé pour elle.

JULLIA.   BILLIÈRE.

Douzième témoin : Louise Aubagnac , de Lignan , âgée d'environ 45 ans , déclare que sa grand-mère , de Lignan , lui a dit souvent avoir assisté à la communion miraculeuse de Marie-Ange dans sa chambre , et lui avoir dit de quelle manière elle s'était opérée ; mais maintenant elle ne peut pas en donner les détails. Elle déclare que sa grand-mère avait beaucoup de foi en Marie-Ange , et désirait beaucoup d'être auprès d'elle. -

Nous , soussignés , déclarons avoir entendu la déposition de Louise Aubagnac , et comme elle nous a déclaré ne savoir signer , nous avons signé pour elle.

AOUST.   **CHAMPAGNOL.**

Voici mon témoignage , qui sera le dernier de tous. Joseph-Raymond Martel , âgé de 68 ans , né et résidant à Cazouls-lez-Béziers : Je suis passé docteur en médecine de l'école de Montpellier en 1812 , je n'avais pas vingt ans. Je me suis marié au mois de novembre de la même année pour m'exempter du service. Je sortis de l'école matérialiste , nos professeurs et nos livres de médecine étant alors presque tous matérialistes. J'exerçai tout de suite la médecine à Cazouls , lieu de ma naissance ; mais l'ambition , le désir de bien vivre sur cette terre , surtout le soin de ma réputation me dévoraient, je devins malade ; la fièvre, les quintes de toux m'empêchaient de prendre mon repos pendant la nuit ; le matin j'étais tout en sueur ; les forces commençaient à me manquer, et beaucoup de personnes me considéraient comme atteint de la maladie de poitrine. En ce temps-là,. en 1815 , les abbés Siéyes et Miquel donnèrent une mission à St-Nazaire , à Béziers ; je fus entendre ces excellents missionnaires plusieurs fois ; ils rallumèrent en moi le flambeau de la foi qui était déjà éteint , et je gagnai la mission. Mais revenant à lire mes auteurs de médecine et surtout la physiologie de Richerand , mon matérialisme revint encore dans mon esprit, et j'abandonnai les sacrements de Pénitence et d'Eucharistie. A cette époque , j'entendis parler d'une fille de Lignan , village près de Béziers , qui faisait des choses extraordinaires et qu'on appelait la *Sainte de Lignan* , à cause du concours du monde de Béziers et des environs qui s'y était porté pour admirer ses merveilles. La supérieure des Filles de la Charité de Clermont-Ferrant (ma sœur Mas, qui a été ma première institutrice), étant venue en ce temps-là à Cazouls voir ses parents et son pays natal, entendit beaucoup parler de cette sainte fille et de ses miracles ; elle fut à Lignan pour la voir, et nous rapporta, à son retour à Cazouls, qu'elle l'avait vue enlevée en l'air, ne touchant nullement à la terre, et de plus qu'elle avait vu bien distinctement la clarté de la Sainte Vierge dans la chambre de cette sainte fille. Mademoiselle Revel, de Cazouls, fille d'une vertu et piété solides, fut aussi à Lignan, et nous rapporta, à son retour à Cazouls, qu'elle avait entendu cette sainte de Lignan annoncer le retour dans l'Église d'un prêtre constitutionnel de Cazouls, d'un autre prêtre constitutionnel à Murviel, et de deux autres prêtres constitutionnels à Béziers. Ces quatre prêtres devaient bientôt rentrer dans l'Église en se soumettant à Notre Saint-Père le Pape. Mademoiselle Revel nous dit aussi qu'elle avait annoncé une conversion à Cazouls. Tout cela nous étonna beaucoup, et nous attendîmes l'accomplissement de ses prédictions, ce qui ne tarda pas à arriver.

Quand le prêtre constitutionnel de Cazouls, celui de Murviel et les deux autres de Béziers eurent, quelque temps après, fait leur soumission à Notre Saint-Père le Pape et à Notre Sainte Mère l'Église catholique, alors je me déterminai à aller aussi à Lignan avec M. Julien, alors curé de Cazouls, qui avait été aussi étonné que moi de l'accomplissement de cette prédiction que personne ne pouvait prévoir. M. le curé de Lignan (Antoine Chaboud), reconnu déjà comme le prêtre le plus saint et le plus savant des prêtres des environs de Béziers), nous reçut bien cordialement devant son église ; il nous mena de l'église à sa chambre , où , après lui avoir expliqué le sujet de notre visite , il nous dit que depuis longtemps il remarquait en cette fille des choses prodigieuses qui allaient toujours en augmentant ; qu'il avait examiné et consulté pendant l'espace de trois ans ; mais que maintenant il ne voyait aucun moyen de douter sur leur qualité surnaturélle et divine , parce que tout se rapportait à Dieu et à son culte. Il nous raconta tant de choses extraordinaires et nous parla tant des vertus de cette sainte fille , que nous dîmes à M. le curé de Lignan qu'il n'était pas étonnant qu'il eût cru et jugé ainsi ces choses surnaturelles et divines, nous autres nous aurions cru et jugé ces merveilles comme lui. Quant à moi , je m'en revins à Cazouls , en pensant que nous avions une âme créée à l'image de Dieu.

Quelque temps après , étant à Béziers , je me déterminai à passer par Lignan pour revenir à Cazouls , dans l'intention de voir cette sainte fille. J'attachai mon cheval à la porte d'un magasin près de sa maison , sans le savoir. De là, je fus chez M. Henry , alors instituteur de Lignan , que je connaissais. Nous parlâmes avec lui de cette sainte fille , mais je n'eus pas le bonheur de la voir. Environ quinze jours après, je revins tout seul à Lignan, je fus descendre chez M. le Maire, chez lequel logeait M. le curé de Lignan. C'était vers la fin de septembre 1816. M. le curé me reçut un peu froidement. Pendant que j'étais à causer avec la sœur de M. le Maire, un propriétaire vint prendre M. le curé pour lui tracer le plan d'une maison qu'il voulait construire dans son jardin (M. le curé était un excellent architecte.) Il m'invita à venir avec lui dans ce jardin. Je le suivis, mais j'aurais préféré qu'il m'eût invité à aller voir la sainte fille qui était l'objet de mon voyage. Il était déjà cinq heures du soir, et M. le curé resta près d'une heure à tracer le plan de la maison ; il y aurait resté d'avantage si on ne l'avait appelé pour aller chez cette sainte fille ; il y fut, sans me dire de l'y accompagner, malgré qu'il connût mes désirs. Je demeurai là dans ce jardin près d'une heure, et j'étais déjà décidé à m'en revenir à Cazouls, lorsque M. le curé m'envoya une personne pour me faire venir dans la maison de la sainte fille, je n'en étais pas loin, cette maison touchait déjà le jardin. Je la vis ravie en extase, M. le curé étant auprès d'elle, sa figure était blanche comme la cire, les yeux sans mouvement, dans tous ses traits raideur, immobilité complète, la respiration paraissait arrêtée, la vie suspendue. Peu de temps après, nous entendîmes qu'elle proférait quelques paroles que voici : Ah ! je vais là où est mon corps ! et où est mon corps ? Ah ! il est dans la maison de mon père. Ah ! quelles sont les personnes qui sont avec mon corps, et voilà qu'elle les nomma toutes (nous étions de sept à huit personnes.), et quand elle me nomma, elle dit : Et M. Martel, qui est de nos amis, je me rappelle (en s'adressant à la Sainte Vierge) que vous me fîtes voir son cheval qui était attaché au portail de Roudier. Elle continua en disant : Ah ! il faut aller au lit. Je ne le puis si vous ne m'aidez. Ah ! vous m'aiderez ; et voilà qu'elle se lève en tendant les bras comme si elle voulait donner sa main à une personne pour l'aider à monter l'escalier qu'elle monte en volant, son corps étant dans un plan oblique, de manière à tomber à la renverse ; nous suivîmes avec la lumière, nous la trouvâmes assise sur une chaise entre son lit et la muraille de sa chambre. Nous entendîmes qu'elle disait : Ah ! je n'ai pas la force de me déshabiller. Ah ! vous me déshabillerez. Tout de suite toutes les épingles furent ôtées et ses habits déliés dans la plus grande modestie ; ensuite une main invisible retroussa par le milieu la couverture et le drap de lit qui était sur le traversin , et deux mains invisibles les rangèrent aux deux bords du lit en les déplissant. Cela fait , cette sainte fille fut enlevée , portée et mise dans son lit par une force invisible et d'une manière si subite , ses habits étant tombés aussi subitement que nous ne nous en aperçûmes pas , si ce n'est qu'elle fut placée dans son lit et qu'elle était endormie. Alors moi-même je sentis en même temps une odeur forte et suave qui me fit dire : Ah ! quelle odeur ! je n'eus pas plutôt dit cela , que j'en sentis encore une autre plus forte qui s'empara de mon nez et de ma bouche de manière à me faire dire : j'étouffe , je suis suffoqué ! M. le curé qui était à côté de moi (car nous étions tous autour du lit de cette sainte fille) me dit vous êtes bien heureux M. Martel , la Sainte Vierge en se retirant a voulu vous faire sentir son odeur ; il ajouta je l'ai sentie cette odeur comme vous. Les autres personnes dirent tout de suite : M. Martel vous êtes bien heureux , car nous n'avons rien senti.

Pendant ce temps-là , Dieu , pour détruire en moi toute idée de matérialisme , avait permis que je fusse le médecin d'un de mes neveux qui , malade depuis l'âge de dix mois , avait fini par perdre l'usage de tous ses sens , conservant l'usage de ses facultés intellectuelles jusqu'à sa mort qui arriva le 5 du mois d'avril 1817. Il m'avait dit, en présence de sa mère et d'autres personnes : Mon oncle, quand je serai mort, vous m'ouvrirez le crâne, vous n'y trouverez pas de cervelle, mais un peu de pus, ou du sang, ou d'eau. Sa mort arriva quinze jours après. Sa mère me détermina à lui ouvrir le crâne, ce qui se fit facilement, parce que les sutures sagittale et coronale furent desengrenées ; je n'eus qu'à ouvrir le péricrâne et les membranes intérieures avec mon bistouri et à écarter et ouvrir les os du crâne, et ils le furent tellement, qu'une lumière allumée à trois becs y fut introduite ; je n'y vis, et quatre témoins n'y virent aucune trace de cerveau ni de matière cérébrale, rien qu'une cuillerée de sanie à la base du crâne. Sa sœur Victorine, qui vit encore, lui ayant dit, le vendredi-saint, veille de sa mort, qu'elle allait à la messe, il lui répondit, n'étant âgé que de dix ans : Dis donc je m'en vais à l'office, aujourd'hui il n'y a point de messe. Dans la nuit du vendredi au samedi-saint, deux heures avant sa mort, il demanda à sa mère si l'on péchait par pensée ; sa mère lui dit que s'il avait pensé telles telles choses, il aurait commis un péché, il répartit tout de suite : Non, ma mère, j'en suis net. Voici comment il entendait, n'ayant pas le sens de l'ouïe :

il fallait s'approcher de son oreille ; et lui dire tout bas ce qu'on voulait lui dire ; car, quand on criait tant soit peu , il n'entendait dans sa tête que du bruit. Nous , anatomistes , nous pouvons expliquer tout cela , en disant que le nerf acoustique ou auditif n'était pas tout-à-fait détruit dans le rocher de l'os temporal , puisqu'il pouvait percevoir ce son faible qui s'arrêtait dans l'oreille et n'entrait pas dans la tête.

Au commencement de l'année 1818 , j'écrivis l'observation de la maladie de mon neveu, et je l'envoyai à M. Sédillot , seul rédacteur d'un journal de médecine que je connusse alors à Paris ; il me répondit , le 7 mai 1818. Voici un extrait de sa lettre que je possède encore : « J'ai reçu l'observation *très-singulière* que vous m'avez envoyée , mais il est impossible d'en faire usage. *La destruction du cerveau, sans perte des fonctions intellectuelles* , est un phénomène si étrange , qu'on accusera l'inexactitude de l'observateur. » Plus tard , j'envoyais mon observation à M. Miquel, rédacteur de la *Gazette de Santé* ; il l'inséra dans son journal avec une note très-favorable.

Quelque temps après ma visite du mois de septembre à Lignan , M. Julien , curé de Cazouls , et moi , allâmes à Lignan , pour continuer nos visites à M. le curé et à cette sainte fille. Pendant quelque temps , elle ne nous voyait pas , ce qui ne nous étonna pas beaucoup , M. le curé nous ayant dit que cela arrivait à beaucoup d'autres personnes qui lui étaient aussi invisibles. Un jour , M. le curé nous dit avoir reçu un billet dicté à cette sainte fille par la Sainte Vierge , où étaient écrits ces mots : *Les amis de ma fille sont mes amis , et les ennemis de ma fille sont mes ennemis.* Nous ne pouvions nous expliquer cela ; plus tard , ayant su par d'autres billets que cette sainte fille était la figure de la Sainte Église , nous pûmes alors connaître le véritable sens de ces mots.

Vers cette époque , il se passa une chose bien extraordinaire dans la chambre de cette sainte fille , à Lignan : la clef de son armoire où elle tenait son linge , ses livres , etc. , fut vue au plancher de cette chambre sans y être adhérente , et prenant pendant quarante jours environ qu'elle y resta diverses positions ; tantôt elle était verticale, tantôt horizontale, plusieurs fois elle était oblique , changeant quelquefois de place. Je l'ai vue plusieurs fois dans ces positions ; bien des personnes du village l'ont vue aussi, et toutes les personnes raisonnables l'auraient d'ailleurs vue également , si elles eussent voulu la voir , car par la fenêtre de la chambre on pouvait la voir de devant la porte de la maison , en montant sur la banquette de la fontaine. Après ces quarante jours , elle fut vue dans l'église de Lignan , appliquée sur la porte du tabernacle qui est en marbre ; sa position était oblique et en travers. Tous ceux qui allaient alors à l'église ont pu la voir. Après environ huit jours , je fus à Lignan ; la clef était toujours à l'église ; M. le curé de Lignan me dit : je vous attendais , car il faut que j'aille avec vous prendre cette clef mysté· rieuse et la porter à son armoire. J'accompagnai M. le curé à l'église , nous nous mîmes à genoux devant le maître-autel, et après une courte prière , M. le curé fut prendre la clef sans le moindre effort , comme s'il l'eût prise de dessus l'autel , et nous fûmes à la chambre de cette sainte fille mettre cette clef dans la serrure de son armoire.

Peu de temps après , dans un billet dicté à cette sainte fille par Notre-Seigneur Jésus-Christ , M. le curé de Cazouls (M. Julien) fut nommé confesseur de M. le curé de Lignan (M. le curé de Saint-Nazaire, son confesseur , étant mort.) Vers cette époque , j'étais fort en souci des fautes que j'avais commises dans ma jeunesse, je craignais les jugements de Dieu, j'étais toujours à examiner ma conscience pour pouvoir les éviter. Un jour, pendant ce temps, étant à Lignan , M. le curé de Lignan m'invita à aller avec lui voir cette sainte fille qui était au lit malade. Elle ne vit ni M. le curé ni moi, et ayant sorti sa main droite du lit, elle prit le petit doigt de la main gauche de ce saint curé, et à l'attouchement de ce doigt qui était un peu tordu, elle reconnut sa présence. M. le curé m'observa que ce n'était pas là première fois qu'elle l'avait reconnu à ce petit doigt ; ensuite elle chercha et me saisit le petit doigt de ma main gauche, et m'ayant reconnu, elle me dit : M. Martel, ne pleurez plus sur vos péchés passés, vous les avez confessés et ils vous sont remis. Saint Augustin a dit que nos iniquités sont effacées alors comme les taches d'un linge bien lavé. Ces paroles me consolèrent beaucoup.

Le mardi gras de l'année 1817, je fus à Lignan, l'après-dîner ; cette sainte fille était dans la cuisine de M. le Maire quand j'y entrai, elle tourna un peu la tête et me vit pour la première fois. Sa figure, qui était toujours un peu pâle, me parut colorée et ses yeux lumineux de manière à me faire impression. Dans certaines occasions, elle a rappelé cette entrevue. Quelque temps après, ja la vis dans la maison de son père ; elle me donna alors une relique venant de la Sainte Vierge, contenant un morceau d'os des martyrs saint Sébastien, saint Eugène et saint Juste, que je conserve précieusement.

Cette sainte fille a fait plusieurs voyages à Cazouls, toujours logée chez M. Julien, curé, et accompagnée toujours de M. Chaboud, curé de Lignan, de Marie-Anne Dufil, sa cousine, et une fois de Mademoiselle Marion, sœur de M. le Maire de Lignan, et deux fois de la sœur Gout, institutrice aussi à Lignan. Une seule fois elle vint à Cazouls accompagnée seulement de Marie-Anne Dufil, sa cousine; mais cette fois elles n'y couchèrent pas, et s'en revinrent sur le soir. Le premier voyage se fit le premier lundi du Carême de 1817. Me croyant peu digne de dîner avec eux, j'attendis, étant en prière à ma maison, qu'on m'envoyât prendre au presbytère, c'est ce qu'on fit bientôt. Nous étions à dîner dans la chambre de M. le curé de Cazouls; il nous avait donné à chacun des couteaux neufs; je me servis du mien pour couper du pain, et il coupa si vite que je me blessai un doigt de ma main gauche (l'indicateur.) Il fallut étancher le sang, ce qui fut bientôt fait; alors cette sainte fille me donna son petit couteau pour m'en servir et m'éviter une autre blessure; depuis ce jour-là, toutes les fois que nous avons mangé à la même table, elle me donnait son couteau. A ce dîner, il y avait au dessert un plat d'oreillettes qu'une vieille femme de Cazouls avait fait exprès pour le donner à M. Julien, pour ce dîner. Cette sainte fille n'y vit que du fumier au lieu d'oreillettes ; on le tira de dessus la table , personne ne voulut en manger.

La seconde visite à Cazouls eut lieu le lundi de Pâques 1817. Dans une extase que cette sainte fille eut alors (souvent elle avait des ravissements) , Notre-Seigneur Jésus bénit les personnes présentes, et je fus béni aussi quoique absent, étant auprès d'un malade. Dans ces ravissements en extase d'alors, il était bien question d'un homme de la montagne au-dessus de Murviel, qui, allant à Béziers, l'avait rencontrée, accompagnant une de ses cousines de Sauvian , qui s'en retournait de Lignan ; alors cet homme l'avait insultée en lui disant : C'est toi qui es la sainte de Lignan ? l'avait frappée et renversée sur le tertre du grand chemin. La Sainte Vierge devait lui dire, dans ses extases, que cet homme était revenu chez lui malade et en danger de mort , puisque nous entendions qu'elle disait : Ah ! vous dites qu'il est sur le point de mourir , et après elle s'offrait à supporter les plus grandes souffrances afin qu'il se convertît avant sa mort ; ce qui nous fut dit dans les billets qu'elle avait obtenus. L'action de cet homme et sa conversion sont l'objet d'un mémoire composé et écrit par M. Chaboud , curé de Lignan , qu'il a envoyé , en 1825 , avec les billets dictés à cette sainte fille par Notre-Seigneur et notre bienheureuse Mère , à la sacrée Congrégation des Saints Rites, à Rome.

Un jour, c'était après cette seconde visite à Cazouls, M. Julien et moi allâmes à Lignan. Nous eumes le bonheur d'entrer dans la chambre de cette sainte fille, pendant qu'elle y était et qu'elle allait écrire sous la dictée de Notre Seigneur. Elle nous fit asseoir à côté de sa petite table , M. Julien à sa gauche et moi à sa droite ; elle, étant assise devant la table, nous dit que je tenais la place que prenait Notre-Seigneur , et M. Julien la place que prenait notre B. Mère. Ensuite elle dit à haute voix le *Salve Regina* avec une gravité et une piété admirables, s'arrêtant un peu sur chaque mot. Après elle prit la plume, l'encrier qui était sur la table était en verre (je l'ai à ma maison avec les reliques de cette sainte fille), l'encre n'y était qu'à moitié. Nous vîmes alors que toutes les fois qu'elle prenait de l'encre, elle ne faisait que présenter le bec de la plume à un travers de doigt de la bouche de l'encrier, et cependant l'encre remontait et la plume en était chargée ; (j'ai aussi, à ma maison, cette plume.) Auparavant, on nous avait dit que lorsqu'elle devait écrire , elle trouvait le papier préparé à cela sur la table; cette sainte fille nous a eu dit, en voyant le billet blanc sur la table : Ah ! il me faudra labourer. La plupart de ces billets se trouvaient, vers la fin de 1817 et 1818, entourés de dessins variés, qu'on nous disait être dessinés et placés sur la table par la Sainte Vierge.

Le nom de baptême de cette sainte fille était Marie-Anne Laus, on l'appelait ordinairement Marie-Annette; plus tard, il nous fut prescrit dans un des billets de l'appeler toujours *Marie-Ange*, nom dont je me servirai maintenant au lieu de l'appeler sainte fille. Si j'ai donné le nom de saint et de sainte et que je continue de le donner dans mes écrits, ce n'est que pour exprimer l'innocence de sa vie et l'excellence de ses vertus, sans nul préjudice de l'autorité de l'Église catholique, à laquelle seule appartient le droit de déclarer les saints et de les proposer à la vénération des fidèles.

Nous eumes, pendant l'année 1817, une sécheresse des plus fortes; les fourrages manquèrent, (cette année là, je vendis la luzerne, prise sur la pièce de terre, huit francs les 42 kilos); les blés, près de la Saint-Jean, n'étaient pas plus hauts que de 25 à 30 centimètres et l'épi ne pouvait pas en sortir. Nous étions menacés de la famine si Dieu nous refusait la pluie. Marie-Ange avait eu une vision qui nous faisait entrevoir un avenir affreux; elle priait et nous aussi notre Divin Maître d'avoir pitié de nous. Elle dut prier son bien-aimé, en lui disant cette prière dont il est question dans un billet, prière que notre Divin Maître ne put refuser d'exaucer : notre bonne Mère la lui a eu fait dire ; lorsqu'un jour, un billet annonça que nos prières avaient été exaucées et que Dieu allait nous donner une pluie bienfaisante, que nous eûmes, le lendemain, avec cette assurance que notre Divin Maître ne nous punirait plus par une aussi forte sécheresse, (mais alors sans miséricorde), que quand le dernier de notre Confrérie serait mort. Les membres de cette Confrérie se composant des vrais amis et amies de Marie-Ange, sont peu nombreux. Maintenant il n'en reste que cinq, en comptant son frère Joseph Laus, et Claire, sa sœur.

Vers ce temps-là, étant très-fervent pour le service de Dieu, j'avais fait cinq vœux sans consulter mon confesseur ; quelque temps après, je reconnus mon imprudence. J'en parlai à M. le curé de Lignan qui pria Marie-Ange d'en parler à N.-S. J.-C., son bien-aimé. Bientôt, dans un billet, notre Divin Maître me déliait de ces vœux, m'obligeant à me les faire commuer le plutôt possible par mon confesseur ; ce que je fis en l'année 1826, lors du jubilé universel.

J'étais à Lignan, le mardi après que la maison du sieur Pierre Cabanes, de Cazouls, avait été incendiée, dans la nuit du dimanche au lundi précédent. Nous étions chez la sœur Gout, au presbytère, avec d'autres personnes et avec Sophie Gout, de Cazouls. Je parlai à Marie-Ange de ce fâcheux événement ; elle repartit tout de suite : Cela leur apprendra à faire la lessive le samedi et à la sécher le dimanche. Ce qui étonna Sophie Gout qui avait vu les femmes de Pierre Cabanes sortir pour sécher la lessive un dimanche auparavant. Cela arriva au mois d'avril 1817.

Un jeune médecin de Béziers que je connaissais bien, ayant vu des malades ensemble, et à qui je communiquais ces faits extraordinaires, paraissant en douter, je lui dis : Mais ce sont des choses que j'ai vues, entendues et senties. Oui ! me répondit-il : En voilà pour les cinq sens, mais le sixième ? Ce qui me révolta. Peu de temps après, ce médecin fut atteint d'un refroidissement si intense que, malgré qu'il se couvrît toujours comme aux plus grands froids, deux bonnets, doubles habits, il fallut qu'il restât dans sa chambre, même en été, auprès d'un grand feu. Cela a duré deux ans, et il a fini par en mourir. Son père a toujours dit qu'il avait pris son mal chez moi. Marie-Ange fit sa troisième visite à Cazouls, le 29 juin 1817. Elle avait oublié un linge qu'elle trouva sur le lit de sa chambre, au presbytère de Cazouls. Elle y resta près d'une semaine pour y célébrer la fête de la Visitation de la Sainte Vierge. Un jour, ma femme ayant apporté au presbytère mon fils Joseph, actuellement médecin à Béziers, qui avait alors environ un an, Marie-Ange le combla de caresses, me disant qu'il serait *sage, brave*, ce qu'elle me répéta plusieurs fois. Un autre jour, nous étions dans le grand salon du presbytère, la porte à vitre qui donne sur le jardin était ouverte. Marie-Ange cousait, nous étions six ou sept personnes assises auprès d'elle. Voilà que nous voyons apparaître à son cou des chaînes en or à trois rangs et avec esclavage ; à peine Marie-Ange les eût-elle senties à son cou, qu'elle les tira par devant et les jeta au milieu du jardin, à la distance de vingt ou vingt-cinq pas. Je me levais pour les aller prendre, M. le curé de Lignan me dit alors : Restez-là, elles vont et viennent quand Dieu le veut. Dix minutes après, ayant tous resté à notre place, elles revinrent au cou de Marie-Ange. M. le curé de Lignan nous dit que ces chaînes représentaient la Sainte Trinité ; elles sont encore autour du cou de Marie-Ange dans son tombeau. M. le curé de Lignan nous dit aussi que quand sur le nœud de son bandeau qui se nouait sur le devant de la tête de Marie-Ange, en faisant trois becs, il y avait une épingle sur chaque bec, alors la Sainte Trinité était présente ; s'il n'y avait que deux épingles, il n'y avait que deux personnes, etc. A la mort de Marie-Ange, la Sainte Trinité était présente. J'ai, parmi ses reliques, la coiffe telle qu'elle la portait alors ; les trois épingles y sont encore. Les jours de festivité, quand elle entrait dans l'église, il lui apparaissait ordinairement sur sa tête une belle épingle en or, qui brillait aux yeux de certaines personnes comme une étoile. Je l'ai aussi parmi ses reliques. Pendant son séjour à Cazouls, elle aidait à la domestique de M. le curé Julien. Souvent je l'ai vue prendre les verres de table sur une plaque de fer-blanc, les laver avec l'eau du puits du jardin, les placer en pressant sur cette plaque qui n'était posée que la moitié sur une pierre et l'autre moitié sur le vide, et cette plaque ne bougeait pas ; on aurait dit que quelqu'un était là pour la soutenir avec la main. Marie-Ange ne mangeait presque rien aux repas, ni entre les repas ; j'étais assis à sa droite à table. Elle gronda, un jour, son frère aîné qui était à ma droite, à table, de ce qu'il mangeait, d'après son jugement, un morceau de veau avec voracité. A ce repas, Marie-Ange ne mangea qu'un peu de fraises sans sucre. M. le curé de Lignan étant persuadé que Notre-Seigneur Jésus-Christ, son bien-aimé, les avait sucrées, voulut en goûter pour s'en assurer ; il les trouva si bonnes, si bien sucrées, qu'il ne cessait pas de nous en parler pendant la soirée de ce jour. Marie-Ange, après les avoir achevées, fit les ablutions comme les prêtres quand ils sont à la fin de la messe. Je ne doute pas que Marie-Ange ne fût nourrie souvent par ces sucreries ou bonbons ; elle en avait souvent dans la bouche. Elle donna à M. Julien un gros bonbon comme un œuf sur lequel étaient empreintes plusieurs croix. Voici une chose extraordinaire que nous vîmes pendant son séjour à Cazouls : Marie-Ange était assise sur la petite fenêtre de la chambre de M. Julien, qui donne sur le jardin vis-à-vis le beau laurier. Nous étions tous dans cette chambre, lorsque nous la vîmes en extase et entendîmes des baisers sur sa bouche, qui se faisaient bien entendre plus que des baisers ordinaires. Chaque baiser devait produire un joli bonbon de la grosseur d'un pois de diverses couleurs, sur sa langue ; car quand nous eûmes entendu près de cent de ces gros baisers, nous vîmes tous, sur la langue de Marie-Ange qui la sortait alors en ouvrant sa bouche, près de cent bonbons rangés en ligne on ne peut pas mieux ; nous les examinâmes tout le temps qu'elle resta à fermer sa bouche.

Depuis quelque temps, la Sainte Vierge, notre bonne Mère, demandait avec plus d'instance à Marie-Ange des prières, des supplications qu'elle désirait qu'elle adressât à son bien-aimé, se plaignant de ne pouvoir arrêter le bras du Tout-Puissant prêt à nous frapper et à nous détruire. Pendant son séjour au presbytère de Cazouls, Marie-Ange étant un jour dans sa chambre avec nous (la chambre de la galerie), se mit à genoux devant son lit; alors la Sainte Vierge dut lui demander des prières, puisqu'elle nous dit de nous mettre à genoux aussi et de prier. Un instant après, nous entendîmes bien distinctement des cris perçants de notre divine Mère venant d'en-haut, qui déchirèrent le cœur de Marie-Ange et le nôtre. Ces cris se répétèrent trois ou quatre fois, mais à chacun elle faisait un mouvement et était émue d'une manière indicible. Pendant cette troisième visite, Marie-Ange m'engagea beaucoup à lire tous les matins un chapitre de l'Imitation de Jésus-Christ, vers le soir un chapitre des Souffrances de Notre-Seigneur, et, avant de me coucher, un chapitre de l'Imitation de la Sainte Vierge.

M. le curé de Cazouls avait dans sa chambre une gravure de Notre-Seigneur Jésus-Christ, peinte par Raphaël. Elle devait bien être ressemblante, parce que toutes les fois que Marie-Ange la voyait, elle était saisie et tremblait, croyant voir Notre-Seigneur, son bien-aimé ; après la mort de M. Julien, j'ai hérité de cette gravure que je conserve précieusement dans ma chambre.

Voici une faveur que nous reçûmes M. Julien et moi de Marie-Ange, à Lignan. Bientôt après son second voyage à Cazouls, nous étions dans la chambre où faisait école la sœur Gout, et après nos adieux de départ, nous descendions l'escalier ; Marie-Ange nous suivit, et ayant appelé M. Julien, elle tira avec son doigt de sa bouche un bonbon gros comme un pois, qu'elle mit dans la bouche de M. le curé ; après, elle en tira un autre qu'elle mit dans ma bouche : ce bonbon remplit ma bouche d'un goût si délicieux, et ce goût dura tellement, que jusqu'à mon arrivée à Cazouls je le sentais encore.

Un jour, Marie-Ange arrivant à Cazouls rencontra ma sœur, Henriette Aoust, la salua respectueusement. Ce salut plut tellement à ma sœur et lui fit tant d'impression qu'elle n'hésita pas à me le dire : ma sœur a été la mère d'un père jésuite très-savant et pieux.

Un autre jour, Marie-Ange salua M. Delcelier, ancien secrétaire de la commune, mon cousin germain, de la même manière, et à lui faire impression aussi. M. Delcelier était père d'une fille qui mourut bientôt après en odeur de sainteté , en faisant trois baisers que nous entendîmes parfaitement, et saluant avec ses bras étendus de la manière la plus gracieuse , tandis qu'un instant avant , elle nous demandait des prières pour elle (disant : priez pour moi , vous surtout , M. Martel) ; elle était sur un fauteuil , dans la plus grande faiblesse , ne pouvant remuer aucune partie de son corps.

Vers ce temps-là , dans une visite que je fis à Marie-Ange , elle m'invita à m'asseoir sur la banquette de la fontaine qui est vis-à-vis la porte de sa maison ; nous avions nos pieds dans le fossé de la fontaine qui ne coulait pas alors. Tout en parlant, je vis les doigts de ses deux mains couverts subitement d'anneaux de verre de toute couleur ; dès qu'elle s'en aperçut , elle les brisa tous avec ses dents et les jeta dans le fossé ; après cette opération, il en revint d'autres à ses doigts en aussi grande quantité , qu'elle brisa de même encore , ensuite d'autres , et cela ne cessa que lorsque nous quittâmes cette place.

Dans une autre visite, j'ai vu un Christ qui était à la chambre de Marie-Ange couvert presque de gouttes de sang qu'on me dit être du sang de Notre-Seigneur Jésus-Christ ; ce sang était frais comme du sang qui sort d'une plaie fraîche. M. Chaboud , curé de Lignan, me fit voir peu de temps après un petit Christ en or couvert du même sang ; qu'il enchâssa dans une boîte en argent pour être suspendue à son cou , où elle resta jusqu'à sa mort. Cette boîte fut alors léguée à Mademoiselle Marion , sœur de M. le Maire de Lignan , qui , à sa mort, la légua à Mademoiselle Billière , sa nièce ; mais aujourd'hui on n'y voit aucune trace de ce sang.

Quelques jours avant Notre-Dame d'août de l'année 1817, étant dans la chambre de Marie-Ange , je fus invité par elle à venir passer ce jour-là à Lignan., pour bien célébrer ensemble la fête de notre bonne Mère. Ce jour-là , je partis de Cazouls de bon matin , quoique le temps fût à la pluie. Marie-Ange fut aussitôt que moi devant l'écurie de M. Gély, où je mettais mon cheval. Elle me demanda si je n'avais pas craint la pluie ; je lui répondis que, quand il aurait plu des socs de charrue, je n'aurais pas hésité à partir. Cette réponse parut lui faire plaisir. Toute la matinée se passa à l'église et à entendre la messe de ce beau jour. Après-dîner , nous assistâmes au rosaire, ensuite aux vêpres qui furent suivies d'un sermon que nous donna M. le curé de Lignan sur les grandeurs de Marie, notre bonne Mère ; et tout se passa dans les joies du Seigneur et de sa divine Mère. Le soir , à six

heures , je fus prendre congé de Marie-Ange ,
qui était alors à la chambre de l'école de la
sœur Gout, au presbytère. Marie-Ange m'engagea à passer la soirée et la nuit à Lignan ,
en me disant que nous nous amuserions beaucoup après le souper. Je lui répondis que je
ne le pouvais , à cause de mes malades , mais
c'était plutôt pour ne pas importuner M. le
Maire de Lignan ; elle, insistant , moi je per-
sistai à lui dire que je ne le pouvais pas. Alors
elle demeura un instant recueillie , comme si
elle écoutait une personne qui lui parlait ;
puis , revenant à elle toute joyeuse, elle me dit:
Ah ! je sais que vous vous en irez , mais cela
n'empêchera pas que vous coucherez ici. Je la
quitte , je vais prendre mon cheval pour
partir , ne comprenant et ne sachant comment
cela se ferait ainsi. Le temps était beau , je
ne vis aucun nuage qui annonçât un orage. Je
traverse le village , la grande vigne de M. Salvan qui était proche du gué ; mais quand je
fus au bord de la rivière , je vis vers Cazouls
un orage ; le tonnerre et la pluie venant après
me firent vite retourner vers Lignan que je
traversai mes habits tout mouillés. Alors je
compris les paroles que m'avait dit Marie-Ange.
Je fus trouver M. le curé dans sa chambre ;
il disait son office , et après il prit un billet
qu'il avait reçu de Marie-Ange et m'en lut

quelques lignes me concernant. C'était Notre-Seigneur Jésus-Christ qui les avait dictées, les voici : Dis à M. Martel (en s'adressant à M. le curé) qu'il soit bien dévot à la Sainte Vierge , et il en sera récompensé ; dis-lui d'être simple et honnête , et je lui accorderai ma grâce , mon amour , ma bénédiction. Dis-lui qu'il soit sage et prudent , et je le conduirai et le préserverai de tous les périls , et enfin je le couronnerai de la couronne de justice. Marie-Ange vint après notre souper ; il n'y avait alors dans la maison de M. le Maire que M. le curé et quelques filles , ses amies , et Mademoiselle Marion , sœur de M. le Maire. Bientôt après elle se fit bander les yeux avec un mouchoir , et alors elle cherchait à attraper quelqu'une de ses amies pour la mettre à sa place et faire ce qu'elle faisait auparavant; (c'est ce qu'on appelle , à Lignan , Sire-Mire, d'où viens-tu?) Elle nous fit rire par son agilité et son adresse , et surtout par l'impression qu'elle éprouvait toutes les fois qu'elle rencontrait M. le curé qui se promenait dans le milieu de la cuisine. Ses amies nous firent bien rire aussi , parce qu'elles étaient forcées de monter sur les meubles et de s'accrocher partout pour n'être pas prises. Voilà de quelle manière nous célébrâmes ce jour , la grande fête de l'Assomption de la Sainte Vierge notre bonne Mère, que je puis dire avoir été jusqu'à présent le plus beau de ma vie.

J'ai connu, pendant les années 1816, 1817, 1818, soit à Maraussan, soit à Lignan, M. Antoine Cabanes, ancien instituteur de Maraussan, pratiquant toujours ses devoirs de bon chrétien, ayant pour confesseur M. Chaboud, curé de Lignan ; il avait deux fils, l'aîné marchand-drapier à Béziers, le cadet sans profession. Ce dernier fut obligé et même forcé de partir comme conscrit pour l'armée, les remplaçants à cette époque étant d'un prix très-élevé. A la bataille de la Moskowa, il eut tant d'horreur du carnage des enfants que les soldats massacraient dans leur berceau, qu'il fut atteint d'aliénation mentale, conservant néanmoins sa foi en Dieu et en sa sainte Église. De retour à Maraussan, il voulut se marier avec une demoiselle, d'accord qu'il était avec elle ; son frère s'y opposa, disant qu'ayant beaucoup d'enfants, il les laisserait pauvres s'il se mariait. Marie-Ange connaissant cette opposition à son mariage, dit : Jésus ! bientôt il n'aura plus d'enfants ; ce qui arriva comme elle l'avait prédit. Alors, Cadet Cabanes ne sortit plus de la maison paternelle que pour aller se confesser à M. Chaboud, curé de Lignan, qui le recevait bien, l'estimait et le consolait beaucoup. Il sortait aussi de temps en temps pour se promener pendant la nuit. Une nuit, ses parents s'apercevant qu'il ne rentrait pas, à l'heure ordinaire, furent s'enquérir auprès de leurs amis, pour savoir d'eux s'ils ne l'avaient pas vu. Rentrant plus tard qu'à l'ordinaire, il dit qu'il venait de la rivière, qu'il avait pris un bain où il s'était bien régalé, ayant de l'eau jusqu'au cou et se sentant soutenu sur l'eau sans aucun mouvement de sa part. Le lendemain, M. Chaboud, curé de Lignan, trouva, à son lever, sur son prie-Dieu, un billet que lui avait fait apporter Marie-Ange, où il était écrit que la Sainte Vierge avait soutenu par ses cheveux Cadet Cabanes dans l'eau de la rivière, lequel se serait certainement noyé, parce qu'il ne savait pas nager.

Dans une de mes visites à Lignan, vers la fin du mois d'août 1817, Marie-Ange me dit : Je viens de la maison de mon père, j'ai trouvé dans ma chambre trois personnes, j'ai reconnu notre Père céleste, son divin Fils, mais la troisième m'a été inconnue. Ces personnes m'ont dit qu'il était résolu que lundi prochain je ne serai plus sur cette terre de misère et de mort ; je vous prie de vouloir bien l'annoncer à mon cher père spirituel. Je sais que cela lui fera de la peine, et moi, je vous déclare, qu'à cause de lui, je voudrais jusqu'à un certain point qu'il n'en fût pas ainsi. Je lui répondis tout de suite : Ah ! faites quelque chose pour nous ; pensez à la peine que votre perte va nous faire et dans quel état nous serons alors. Je ferai bien tout ce que je pourrai, me dit-elle ; mais je vous annonce que si la troisième personne qui était dans ma chambre, que je n'ai pas connue, était le Saint-Esprit, tout ce que je ferai sera inutile, la chose arrivera comme elle m'a été annoncée. Ah ! si vous saviez comme je crains le Saint-Esprit ; si j'avais su qu'il y fût présent, je n'aurais pas resté dans ma chambre. Dans une autre conversation que j'eus avec Marie-Ange, à Lignan, vers le mois de septembre 1817, je lui dis que je languissais sur cette terre ; elle me répondit : Il ne faut pas avoir de pensées pareilles, vous commettriez un péché ; mais comment lui dis-je? lorsqu'on dit dans le *Pater : Adveniat regnum tuum,* ne demandons-nous pas alors à Dieu, que notre mort arrive? Elle me répondit: Voyez, quand je languis comme vous, notre chère Mère me dit alors: Quand vas-tu te confesser?

La quatrième visite de Marie-Ange à Cazouls fut faite le 4 septembre 1817 ; elle était accompagnée de M. Chaboud, curé de Lignan, de Mademoiselle Marion, de Madame Mailhac, mère de Madame Sahuc de Maraussan, et de Marianne Dufil. Comme Mademoiselle Marion et Madame Mailhac ne pouvaient faire le voyage à pied, M. Chaboud voulut se servir de la voiture de Madame Mailhac, quoique délabrée et délaissée, étant persuadé qu'elle ne les laisserait pas en route. Étant arrivés à une vigne muscat appartenant à Madame Mailhac, que partage le chemin de Maraussan à Cazouls, Marie-Ange dit qu'elle mangerait bien un raisin de cette vigne ; on voulait descendre pour en cueillir, mais Marie-Ange l'empêcha ; alors on s'aperçut tout de suite qu'elle avait trois raisins muscats sur son tablier ; bientôt après, M. Chaboud reçut un billet, où il était écrit qu'un ange avait cueilli un raisin au midi de cette vigne, et le présentant à Marie-Ange dans la voiture, elle avait alors dit qu'elle en mangerait bien un.

La cinquième visite se fit vers le mois de novembre 1817 ; à leur retour à Lignan, d'après le rapport qui m'en fut fait par M. Chaboud et les autres personnes qui accompagnaient Marie-Ange, la rivière avait grossi. Il fallut se hasarder à se mettre dans une petite barque pour la traverser ; mais le courant de l'eau l'ayant entraînée, les personnes qui accompagnaient M. le curé eurent peur de se noyer ; Marie-Ange était ravie en extase et conversait avec N.-S. J.-C. ; M. le curé, qui prêtait l'oreille à cette conversation, entendit ces mots : Gens de peu de foi ; ce qui leur fut souvent dit en forme de reproche. Après cela, la petite barque arriva de l'autre côté, à un endroit très-propice pour le débarquement, un peu plus bas à la vérité, mais plus près de Lignan.

Au mois de novembre 1817, le second jeudi du mois, j'étais à Lignan ; M. le curé Chaboud voulut bien venir avec moi voir Marie-Ange qui était dans sa chambre. Mais quand nous fûmes devant la porte de sa chambre et que nous tirâmes le cordon du loquet, ce loquet resta immobile; malgré tous nos efforts, la porte ne s'ouvrit pas, et il fallut s'en revenir sans la voir. Voici la lettre que je reçus de Marie-Ange bientôt après, le soir du 16 novembre 1817, lettre que je reproduis textuellement et avec son orthographe.

Jésus-Marie-Joseph
O Marie mère de Dieu et la mienne
Faites que je redouble de confiance en vous.

Monsieur Martel, j'ai été fort affligée, lorsque j'ai su que vous étiez venu dans la maison de mon père, sans avoir eu le bonheur de vous voir ; mais cependant je m'en suis consolée car j'ai su que la volonté de Dieu et de notre chère Mère était telle. Vous ne devez pas ignorer que personne ne doit entrer dans ma chambre, le second jeudy du mois, excepté ceux du village, mais avec la permission du cher père Chaboud ; Cependant vous étiez avec lui , si notre chère Mère avait voulu vous permettre d'entrer ; mais vous avez bien vu qu'elle ne le voulait pas , puisqu'elle n'a pas permis à son fils d'entrer. Vous savez aussi bien que moi qu'elle le qualifie comme c'a et le traite de fils. J'ai su , vendredy au soir , que vous étiez fort affecté et que vous l'êtes encore comme vous n'aviez pas pu me voir ; mais cependant il ne faut pas s'affecter de cette manière là au moins quand on sait que c'est la volonté de notre cher maître Jésus et aussi de notre chère mère Marie, et bien ici il faut que je vous dise de sa part que cela lui a bien déplu à cette chère Mère ; car vous savez que tous ceux qu'elle aime, elle ne peut pas les voir dans l'affliction : Eh bien souffrez ici que je vous dise que vous-même lui êtes agréable par vos vertus et enfin par l'amour et la confiance que vous avez envers elle et envers son fils Jésus. M. j'ai tiré ces paroles-là de sa bouche maternelle , voilà ce qui doit être votre consolation sur cette terre de misère et de mort. Je vous salue avec tous les respects de mon cœur et je vous prie de prier Dieu pour moi car je suis bien triste.

Monsieur Martel, je vous prie de présenter mes respects à M. Julien et faites lui bien mes compliments et priez-le de ne pas m'oublier devant le Seigneur auprès des autels.

Nos cum prole piâ benedicat Virgo
Maria in nomine Mariæ.

M. le curé de Lignan nous défendit , d'après ce qui fut prescrit dans un billet à lui remis par Marie-Ange , de ne plus lui parler en patois mais en français. Sachant que c'était la volonté de notre bonne Mère, je parlai toujours français à Marie-Ange. M. Julien ne prit pas cette prescription aussi au sérieux que moi ; il parla plusieurs fois patois à Marie-Ange. M. Julien en fut puni d'une manière maternelle par notre bonne Mère. Marie-Ange ayant prévenu M. Julien de cette punition, elle craignait beaucoup d'en être punie ou grondée par son cher père Chaboud ; voilà, en partie, la cause de la seconde lettre qu'elle m'écrivit et que je reçus le 27 novembre 1817 au matin, dont voici la copie :

☩

Jésus-Marie-Joseph.

O mon Jésus, je vous rends grâces d'avoir attendu ma conversion jusqu'ici.

Jésus.

Monsieur Martel ,

Vous savez que vous m'avez quittée bien triste, le jour de votre départ ; eh bien moi aussi je sais que vous êtes parti de Lignan fort triste comme vous avez vu couler les larmes de mes yeux, et bien actuellement réjouissons-nous ; depuis hier, à six heures du soir, je suis dans une joie toute nouvelle, le cher père Chaboud ne m'a rien dit sur la chose que vous savez. Au contraire, il m'a dit que j'avais bien fait de le dire et moi je craignais de lui avoir déplu en rendant compte à M. Julien de sa punition. Cependant il m'a dit que j'avais versé des larmes inutilement et moi-même j'en suis bien aise de les avoir versées car cela m'a procuré beaucoup de consolations de celle qui est votre Mère aussi bien que la mienne. Voici les paroles que j'ai entendues de sa bouche maternelle, hier, à huit heures du soir, dans ma chambre qui m'a dites pour vous dire : les voici : Marie, ô vous qui m'appartenez de toutes les manières, pourquoi êtes-vous triste ? Je suis celle que vous aimez et qui cependant malgré votre amour elle vous a puni, pourquoi vous troublez-vous, si vous avez mérité la punition ? ce qui me fait soupirer c'est que je punis aussi celui qui ne le mérite pas. Voici les paroles qu'a adressées notre chère Mère à M. Julien; Voici celles qui vous a adressées à vous : Marie, ô vous qui sitôt qui avez su ma volonté l'avez exécutée et qui êtes dans l'intention de la suivre : Suivez-là et vous en serez récompensé, alors vous pouvez dire : O ma Mère que vos paroles ont de douceur pour moi ! elles sont plus douces à mon cœur que le miel à ma bouche. Voilà les paroles de notre chère Mère adressées à vous-même et celles de dessus sont adressées à M. Julien que vous aurez la bonté de lui laisser lire. Je vous salue avec tous les respects de mon cœur et je suis votre très-humble et très-obéissante servante. Je vous prie de faire mes compliments à Monsieur Julien, de lui présenter mon respect et dites lui quand est-ce qu'il viendra chercher les restes de ses perruques. Je vous prie aussi de le remercier pour moi de tout ce qu'il a eu la bonté de m'envoyer l'autre jour par ma mère et dites lui que quand il viendra à Lignan nous conterons. Je vous remercie aussi à vous de vos confitures et j'espère que ce sera pour la dernière fois que vous me faites des présents car peut-être vous me fairiez charger par celle qui est votre Mère et la mienne.

Vers le commencement de l'année 1818,

étant à Lignan dans la chambre de M. le curé, Marie-Ange y était aussi ; elle nous quitta et fut s'asseoir sur la fenêtre de la chambre que M. le curé avait peint sur la muraille et qui donne sur le ciel ouvert de la maison de M. le Maire. Nous la suivîmes et nous la vîmes toute ravie en extase ; mais, chose extraordinaire ! elle que nous avions vue toujours pâle dans ses extases, cette fois-ci nous vîmes ses joues (qui étaient ordinairement creuses à cause de ses grandes souffrances) se remplir, se colorer d'une rougeur que je n'avais jamais vue en elle, et les traits de sa figure vinrent d'une beauté inexprimable ; seulement je puis dire qu'elle ressemblait beaucoup à une gravure de la Sainte Vierge, copie de Raphaël, que j'ai dans ma chambre. Cette extase de jubilation terminée, elle se lève et va vite à la chambre de M. le curé ; nous la suivons, et arrivés dans cette chambre, nous la voyons assise sur une chaise entre le prie-Dieu et le poële, ayant la figure d'un mort (la figure hypocratique, comme nous, médecins, l'appelons) ; son ventre était tendu et gonflé et faisait entendre un bruit comme si des noix s'y remuaient dedans : à en juger par les apparences, ses coliques devaient être mortelles. Un quart d'heure après ces coliques cessèrent, et la voilà revenue à son état normal ; elle se lève, se met à genoux devant le lit, les mains jointes sur le lit, et là, devant son bien-aimé, elle lui adresse les noms, les qualifications les plus sublimes, avec une action, un ton de voix et des expressions à nous faire dire que jamais nous n'avions entendu les litanies de Notre-Seigneur Jésus-Christ aussi belles, aussi bien exprimées.

Quelque temps après, j'étais à Lignan; M. Chaboud voulut que je visse une oreille de Marie-Ange et que je disse ce que j'en pensais; je vis une petite croûte avec rougeur sur le pavillon de l'oreille gauche, que je jugeais un peu trop vite être de nature dartreuse. Quelques jours après, M. Chaboud me fit voir que je m'étais bien trompé, et examinant de plus près cette petite croûte, je vis bien qu'elle n'était survenue là que par la pression de la chevillière du bandeau de Marie-Ange qui la serrait un peu trop, et elle guérit bientôt en diminuant cette pression. Avant de donner mon diagnostic sur cette croûte, j'aurais dû me persuader que le corps de Marie-Ange étant tel, comme les billets nous l'avaient annoncé, ne pouvait être atteint d'aucune affection dartreuse.

Un jour, je fus à Cessenon voir M Chabbal, qui en était alors curé. Plusieurs personnes de Saint-Chinian, qui étaient venues aussi voir M. le curé, dînèrent avec moi au presbytère.

M. Chabbal m'engagea à leur parler de Marie-Ange, ce que je fis d'une manière trop simple et sans prudence, puisque, quelques jours après, Marie-Ange me gronda beaucoup d'avoir raconté tant de choses la concernant à des personnes que je ne connaissais pas, et qui après s'en étaient moquées. Cependant personne ne lui avait dit que j'avais été à Cessenon ni ce que j'y avais dit. Je me rappelle qu'une de ces personnes qui était présente à ce dîner s'appelait Madame Sainte-Monique, ancienne religieuse.

Un autre jour, j'étais avec M. le curé de Lignan dans la chambre de Marie-Ange ; elle souffrait alors des douleurs atroces dans ses reins (coliques néphrétiques) ; après avoir duré assez de temps, nous aperçûmes un petit paquet sur l'épaule droite de Marie-Ange ; M. le curé le prit, l'ouvrit, et nous y vîmes du gravier bien fin provenant des reins de Marie-Ange ; ce qui nous fut expliqué par un billet et qui nous démontra qu'ayant déjà souffert dans sa tête tout ce qu'il y avait de plus douloureux, elle devait aussi souffrir dans son bas-ventre tout ce qu'il y avait de plus pénible et de plus difficile à supporter.

Marie-Ange avait déjà prédit que la sœur Gout, institutrice de Lignan, mourrait dans trois mois et quelques jours (ce qui arriva , après la mort de Marie-Ange , le jour même de la prédiction.) Elle annonça aussi les années que pouvaient vivre M. Chaboud, curé de Lignan, Mademoiselle Marion , sœur de M. Gély , Maire de Lignan , et surtout elle annonça aussi les années de Jeannette Henry , son amie , qu'elle fixa à 25 ans , prédiction qui a été accomplie et reconnue par toutes les personnes qui le savaient. Quant à la fixation des années que pouvaient vivre M. le curé et Mademoiselle Marion , nous ne pouvons assurer si elle dit sept ou huit ans pour M. le curé et dix ou onze ans pour Mademoiselle Marion , ayant oublié cette fixation , et n'y faisant pas attention parce que Marie-Ange ne les annonçait pas d'une manière aussi sérieuse que pour la sœur Gout et Jeannette Henry. M. le curé est mort sept ans après, et Mademoiselle Marion est morte peu d'années après lui.

Vers cette époque , Marie-Ange m'invita , étant à Lignan , à aller avec sa cousine Marie-Anne Dufil , à Mazassy, campagne de M. Lagarrigue , banquier à Béziers , et là , après nous être arrêtés à la cuisine de la ramonette qu'elle connaissait , elle me montra le dehors du château , ensuite le jardin avec son puits à roue et son bassin ; à notre retour, elle me montra la source de la fontaine de Lignan.

Un autre jour , étant dans sa chambre , et Marie-Ange étant dans son lit malade , elle me dit que le démon qu'elle appelait souvent *Griffet* était venu auprès de son lit beau comme un ange , lui disant au commencement de belles paroles qui s'accordaient avec notre sainte religion ; mais vers la fin s'en étant beaucoup écarté , ne voyant pas ses mains qu'il cachait le long du lit , par un mouvement subit elle sortit sa tête hors du lit et vit ses griffes qu'il cachait. Alors elle dit : C'est toi , et faisant le signe de la croix , le démon s'en fut tout de suite.

En ce temps-là , pendant une vingtaine de jours , la Sainte Vierge , notre chère Mère , a nourri Marie-Ange de son lait , M. le curé de Lignan en a goûté plusieurs fois en assez grande quantité , M. Julien en a goûté une fois. Pendant cet intervalle , j'étais un jour à Lignan , je fus voir avec M. Chaboud Marie-Ange dans son lit ; nous l'avons vue alors allongée, sa tête sur le traversin, tétant comme un nourrisson un lait si abondant qu'il s'écoulait d'un côté de sa bouche (c'était le côté droit), quoiqu'elle fit tous les efforts possibles pour l'avaler ; ensuite nous avons vu après cela des jets de lait projetés sur sa figure , où ils se formaient en goutelettes, qu'elle essuyait tout de suite avec le drap de lit , en disant : Mais ne faites pas cela. Ces jets se répétèrent quatre ou cinq fois devant nous qui en étions bien étonnés, et à chaque fois Marie-Ange les essuyait sur sa figure, paraissant toujours ne pas les vouloir. J'ai chez moi avec les habits et reliques de Marie-Ange un petit flacon bouché à l'éméri de ce lait recueilli par M. le curé de Lignan.

Dans le mois de mars 1818, étant à Lignan, Marie-Ange dit en ma présence à M. Chaboud : M. Martel aime chrétiennement sa belle-sœur et pas davantage ; elle est fort légère. Ah ! si vous saviez ce qu'elle a dit de lui (je l'ai su par la suite et je m'abstiendrai de le dire ici) notre chère mère en a été indignée, et je vous annonce qu'elle en sera punie. Quelque temps après, ma belle-sœur fut atteinte d'une maladie des plus dégoûtantes et des plus douloureuses qui dura plus de six mois et qui finit par lui ôter la vie. Toutes les personnes qui l'ont vue dans cet état ont dit que jamais elles n'avaient vu des souffrances si fortes dans cette maladie.

Après ce temps-là, Marie-Ange tomba dans une désolation et un ennui extraordinaires qui dura plusieurs jours. Nuit et jour elle ne cessait de se plaindre en disant toujours : *Ahi ! ahi !* Je l'ai vue dans cet ennui, elle parut me voir avec plaisir, je lui fis présent d'un petit

Christ ; cela parut la calmer un peu. Mais bientôt après l'ennui et les *ahi!* revinrent. Elle avait perdu son bien-aimé , elle cherchait sa présence , et le demandait par ses soupirs qui étaient déchirants ; mais enfin notre divin Maître s'étant présenté à elle , elle fut remplie de joies et d'allégresses.

Vers cette époque-là , Marie-Ange vint à Cazouls , accompagnée seulement de sa cousine, Marie-Anne Dufil. Ce jour-là , j'étais allé à Béziers traiter une affaire de marguillerie ; je croyais la revoir , le soir du même jour , pensant qu'elle y coucherait ; à mon retour , elle fut repartie pour Lignan.

La dernière visite qu'elle nous fit à Cazouls, toujours accompagnée de M. le curé de Lignan et de Marie-Anne Dufil , fut le 3 ou le 4 octobre 1818. Depuis six mois , elle souffrait beaucoup de sa poitrine ; cette souffrance avait remplacé ses coliques de bas-ventre , comme celles-ci avaient remplacé ses douleurs de tête. Elle vint vêtue d'une robe blanche , qu'elle portait tous les ans pendant l'octave de sa naissance par ordre divin , cette robe ne lui plaisait guère à cause de l'état de tristesse et de souffrance qu'elle éprouvait. Elle y demeura trois ou quatre jours , et comme je paraissais content et riant, elle me dit un jour me voyant rire : Quelle espèce d'homme ! ce qui fit cesser ma joie.

Avant cette dernière visite à Cazouls, Marie-Ange avait donné à M. le curé de Lignan une prière ou acte d'adoration et de louanges après la communion dont les billets doivent faire mention. M. Chaboud en donna une copie à chaque membre de notre confrérie. La voici telle qu'elle nous a été donnée :

✝

Acte d'adoration et de louanges, en union de celles que Notre-Seigneur Jésus-Christ rend à Dieu, son Père, au dedans de ceux qui le reçoivent.

O Père éternel, Dieu infiniment saint, malgré ma bassesse et l'intervalle immense qui est entre vous et moi, daignez jeter en ce moment un regard de complaisance sur votre créature ou plutôt sur votre propre Fils; Jésus et moi nous ne sommes qu'un, qu'une même hostie, qu'une même victime. Père de Jésus, qui êtes aussi le mien, Dieu de Jésus, qui êtes aussi mon Dieu, je vous adore, je m'anéantis devant vous, je me soumets totalement à vous, je vous aime, je vous loue, je vous bénis, je vous rends grâces, je vous offre une victime capable de satisfaire à votre justice et je m'offre avec elle ; je me consacre et me dévoue à la gloire de votre saint nom et à l'accomplissement de votre adorable volonté. Je vous demande tout ce qui peut vous plaire, et je fais tout cela uni à Jésus, en lui et par lui. Que l'excellence et la profondeur des adorations de Jésus suppléent aux miennes ; que l'ardeur et le prix de son amour réparent la faiblesse du mien et en relèvent la bassesse, que ses louanges vous tiennent lieu de celles que je ne puis vous donner ; que sa reconnaissance couvre mon ingratitude et m'acquitte de tant de bienfaits dont je ne puis ni sentir, ni même apercevoir la multitude et la continuité ; que son sacrifice vous fasse accepter le mien, que la ferveur de ses prières vous fasse excuser la tiédeur des miennes ; que la dignité de sa personne efface à vos yeux tout ce que j'ai de rebutant et de méprisable, et que la lumière divine qui règle ses désirs rectifie ceux que je pourrais former et vous exposer au milieu des ténèbres de mon ignorance. Ainsi soit-il.

Marie-Ange donna aussi à M. le curé de Lignan des prières éjaculatoires dont il nous fit part aussi, les voici :

O mon Jésus, vous seul me suffisez !
Je ne veux que vous !

O Jésus, vous qui n'êtes pas aimé ! O Marie, vous qui n'êtes pas connue, je vous adore !

O Jésus, plein de douceur, ne souffrez pas que je sois jamais séparée de vous !

O Cœur de Jésus, vous êtes l'unique maître de mon cœur !

Cor Mariæ, ora pro nobis !

O Marie, jetez un regard de compassion sur moi !

Vive l'amour de Jésus et celui de Marie !

O ma Mère, ma chère Mère, votre nom est ma défense, sauvez-moi !

Mon cher fils, tu vivras de la foi, et tu seras gai, tranquille et heureux ; le royaume de Dieu sera en toi, tu auras pour tout bien la croix de Jésus-Christ qui est moi, le testament de Jésus-Christ qui est encore moi, le corps de Jésus-Christ qui est moi, ton bien-aimé, et je t'assure que tes richesses surpasseront celles des rois.

Environ huit jours avant la mort de Marie-Ange, je fus à Lignan lui faire ma visite, accompagné de deux de ses amies. Je la trouvai au coin du feu de la cuisine derrière un écran; elle me manifesta beaucoup de satisfaction en me voyant, et me priant de m'asseoir auprès d'elle, elle dit à ses amies : Quand M. Martel vient me voir, vous ne devez pas toujours le suivre; aujourd'hui j'ai à lui dire quelque chose en particulier. Ses amies se retirèrent alors. Je lui demandai des nouvelles de sa santé, elle me répondit qu'elle souffrait beaucoup de la poitrine. Elle me dit ensuite : M. Martel, quand je serai morte, vous empêcherez de tout votre pouvoir que Catherine Bonnet vienne m'habiller comme elle le fait aux morts du village; vous ferez appeler pour m'habiller Jeanne Gavaudan, qui viendra bien volontiers, l'ayant déjà avertie de me rendre ce service après ma mort. Ensuite elle ajouta : Ah! M. Martel, je crains beaucoup les jugements de Dieu, ce qu'elle me répéta plusieurs fois.

Marie-Ange rendit son âme à Dieu, le 18 novembre 1818, vers les deux heures du matin. M. le curé de Lignan m'écrivit tout de suite de venir à Lignan, le plutôt possible, après m'avoir annoncé ce douloureux événement. Je fus en avertir M. le curé de Cazouls qui était encore au lit, et qui ne fut pas bien étonné de cette nouvelle, puisque, me dit-il, il avait vu en songe, à deux heures du matin, un ange vêtu de blanc, venir de Lignan vers Cazouls, et après avoir dépassé ce dernier village, s'élever et monter au ciel. Il ajouta que ce songe l'avait éveillé, et qu'en étant préoccupé, il s'était habillé et avait été se promener dans son jardin ; tout de suite l'horloge ayant sonné, il avait pu s'assurer de l'heure qu'il était alors.

Je partis tout de suite pour Lignan avec Vincent Laus, frère aîné de Marie-Ange, et qui était garçon charron à Cazouls. Je trouvai le corps de Marie-Ange dans son lit, portant sa coiffe comme elle la portait le jour de ma dernière visite. (J'ai la même coiffe avec les reliques, telle qu'elle la portait dans son lit le jour de sa mort). Marie-Ange avait alors ses traits, sa couleur, sa figure comme lorsqu'elle était en vie. Je ne quittai pas la chambre jusqu'au lendemain matin vers les neuf heures, que se fit l'enterrement. Catherine Bonnet ne s'était pas présentée pour habiller le corps ; je fis appeler Jeanne Gavaudan, qui, avec d'autres amies, s'en acquitta parfaitement. Mais s'étant aperçue d'une enflure qui s'étendait sur la poitrine et surtout vers le cou, elle appela M. le curé et moi pour nous la faire remarquer ; bientôt après nous vîmes de la sagnie avec des bulles d'air sortir du nez et de la bouche de Marie-Ange et d'une fistule au-dessous de l'épaule de son bras gauche faite par les griffes du démon. Malgré tout cela, l'enflure du corps de Marie-Ange alla toujours en augmentant, et était tellement forte au moment de son enterrement, qu'on ne put pas introduire son corps dans la caisse, et qu'il fut porté à l'église en équilibre, étant tout en dehors de cette caisse. C'est ce qui nous avait été prédit six mois à l'avance ; mais alors nous ne pouvions nous l'expliquer. Voici cette prédiction : Un des billets annonça que Marie-Ange aurait une de ses cuisses qui s'enflerait d'une manière extraordinaire ; mais qu'il ne fallait pas s'en étonner, puisque cette enflure disparaîtrait après un temps marqué et d'une manière subite. Cette enflure étant survenue, il y eut un concours de monde dans sa chambre, et là chacun pensait et disait de cette enflure ce que leur idée leur suggérait. M. le curé était présent et entendit une conversation de Marie-Ange avec la Sainte Vierge, sa chère Mère : *Ah ! vous dites: On est bien étonné de cette enflure ; et chaque personne dit la sienne; les unes pensent telle chose, les autres autres telle autre. Ah! vous dites, après avoir écouté un instant, que si on est si étonné de cela et qu'on agisse ainsi maintenant, que ne fera-t-on pas, que ne dira-t-on pas après ma mort, lorsque mon corps....?* Elle s'arrêta là et ne dit plus rien.

Voici le portrait de Marie-Ange, tel que je le puis bien exprimer et décrire avec vérité et conscience.

Sa taille était au-dessus de la moyenne, svelte et bien prise, son front large, son visage ovale, ses sourcils arqués, ses yeux étaient beaux et d'un vif éclat, son nez long et bien fait, sa bouche bien faite et son menton aussi. Sur sa figure on remarquait la douceur et la modestie ; la couleur de son visage était ordinairement pâle, à cause de ses souffrances continuelles, ses cheveux étaient blonds, son sein n'était nullement développé quoique ayant atteint l'âge de dix-neuf ans, son port était majestueux. Elle parlait peu avec M. Chaboud, avec M. Julien, avec moi, mais toujours avec respect. Avec ses amies, elle parlait et s'amusait davantage, mais rarement elle leur communiquait les grâces qu'elle obtenait du ciel. A moi, elle m'a toujours donné de bons conseils et de bons avis.

Avant sa mort, M. Chaboud, curé de Lignan, avait légué à Mademoiselle Claire, sa sœur, les habits et les reliques de Marie-Ange ; c'est M. Chaboud, curé de Lignan, qui achetait pour cette sainte fille tout ce dont elle avait besoin, ses parents ne pouvant faire cette dépense alors. Mademoiselle Claire Chaboud me légua ces habits et reliques de Marie-Ange avant sa mort, étant persuadée que personne les vénèrerait autant que moi. Je les ai placés dans une armoire de ma bibliothèque, et les ai soignés du mieux que j'ai pu. Voici la description de tous ces objets :

1º Un mantelet en fort drap noir enveloppé dans un cotillon de basin anglais. Ce mantelet est très-bien conservé.

2º Une douzaine de robes avec les tabliers, dont le corps d'une seule est en drap bleu et le reste est en indienne ; toutes les autres robes sont en indienne, basin anglais, excepté une dont le corps est en nankin, le tout bien conservé. De ces robes, les unes sont blanches, les autres bleues, les autres rouges, vertes, une seule est blanche au fond et semée de petites roses. Toutes ces robes sont enveloppées dans un couvre-pied fond blanc et parsemé de fleurs. J'ai vu souvent ce couvre-pied sur le lit de Marie-Ange.

3º Un coffre, dit massapan, en carton, contenant un petit tableau de Rubens, représentant Saint Joachim, Sainte Anne et la

Sainte Vierge. Douze mouchoirs blancs, neuf fichus blancs, dont quelques-uns sont brodés, six fichus de couleur, dont deux fond blanc, les autres bleus, rouges ou jaunes. Une douzaine de coiffes avec dentelles, douze bandeaux, un paquet de coiffes sales, un verre dans un étui, son couteau, ses ciseaux, son dé, son éventail, son peigne, son démeloir.

4º Un carton rouge, de forme ovale, qui contient la coiffe que portait Marie-Ange à sa mort.

5º Cinq paires de bas en coton, dont quatre blancs et une paire bleus.

6º Douze chemises toutes neuves.

7º Ses livres se composant d'un Office divin, du Nouveau Testament, de l'Imitation de Jésus-Christ, des Entretiens avec Jésus-Christ dans le très-saint Sacrement de l'autel, des Instructions et Exercices propres pour la Confrérie du Sacré-Cœur de Marie, érigée à Caen, dans l'église paroissiale de Saint-Gilles, des Cantiques de l'Ame dévote, de deux volumes de la Connaissance de Jésus-Christ, d'un petit volume intitulé : Dieul seul, par Henri-Marie Boudou, d'un Chemin de la Croix, d'un Office du Sacré-Cœur de Jésus, de trois brochures Recueil de Cantiques, de quelques Cantiques en manuscrit.

8º Dans une grande boîte couverte de pa-

pier peint se trouve un paquet de velours,
reste du manteau de M. Chaboud, qu'avait
porté Notre-Seigneur Jésus-Christ, un petit
paquet en papier contenant quelques bonbons,
le peigne de Marie-Ange pour retrousser ses
cheveux sur le haut de sa tête, la cuillère
dont s'est servie la Sainte Vierge, notre bonne
Mère, pour lui donner à boire, une petite
boîte contenant des anneaux en verre, deux
verres, un cordon blanc, vœu à la Sainte
Vierge, etc.

9º Une cassette avec serrure et clef renfer-
mant : 1º une fiole contenant du lait de la
Sainte Vierge ; 2º une autre fiole contenant
du sang de Marie-Ange rendu par la bouche ;
3º un petit flacon contenant des bonbons que
le bien-Aimé et la tendre Mère déposaient dans
la bouche de Marie-Ange en lui faisant des
baisers sur les lèvres ; 4º le paquet précieux
qui est dans un corporal contenant une grande
hostie teinte du sang de notre bien-aimé Jésus ; l'adresse est écrite du même sang, les
cachets sont sortis de sa bouche divine ; 5º
l'encrier qui est dans cette cassette est celui
dont s'est servie Marie-Ange pour écrire tous
les billets que M. Chaboud, curé de Lignan, a
reçus : les plumes y sont enveloppées dans un
papier ; il faut distinguer celle qui est enveloppée dans du papier seule, qui a servi pen-

dant un an telle qu'elle est. (M. Chaboud a dit dans une note que la Sainte Vierge, notre bonne Mère, lui avait prescrit dans un billet de la conserver); 6° cette cassette contient les cheveux que M. Chaboud a notés, comme ayant été jetés par la fenêtre, après avoir été coupés de la main de la Sainte Vierge qui les laissa sur la table ; Marie-Ange les prit et les jeta de la fenêtre ; alors elle vit une main qui les recueillit avant qu'ils ne parvinssent à la moitié de la hauteur de la fenêtre ; la bonne mère qui les avait coupés voulut les conserver ; c'est pour cela que M. Chaboud dit que Marie-Ange les lui remit avec un billet ; 7° les cheveux qui sont marqués comme brûlés, furent coupés aussi par la main de la Sainte Vierge et laissés aussi sur la table ; Marie-Ange alluma devant sa porte un bon feu, les y mit, fit tout ce qu'elle put pour les faire brûler ; n'ayant pas pu y réussir, elle couvrit et les cheveux et le feu d'un tas de terre. M. Chaboud dit qu'il reçut ces cheveux le même jour accompagnés d'un billet. Depuis le numéro un jusqu'au numéro sept de cette cassette, je n'ai fait que copier, en omettant et changeant peu de mots, une note écrite par M. Chaboud, curé de Lignan, note qu'il a mise dans cette cassette pour expliquer ce qui y est contenu. Le nnméro huit, contenu aussi dans la même cassette, est une boîte à hosties contenant quatre grosses dragées , trois bonbons et un petit anneau de laiton ; ces dragées sont un présent fait par notre bonne Mère à M. le curé de Lignan ; 9º dans une boîte petite en bois se trouve : 1º un petit paquet en papier contenant des bonbons; il est écrit par-dessus ce paquet : baisers du bien-aimé , enveloppe de notre Mère bien-aimée ; 2º l'épingle en or dont nous avons parlé; 3º un très-petit paquet en papier contenant un peu de mousseline pliée , et sur ce paquet sont écrits par M. Chaboud ces mots : coupé des mains de la Sainte Vierge ; 4º un dé ; 5º trois écus de cinq francs , une pièce de deux francs et une autre de un franc ; 6º une petite boule. M. Chaboud a mis un écrit dans cette boîte dont voici la copie : résidu des petits fonds que notre bonne Mère avait à sa disposition pour les petits besoins de sa chère enfant. La petite boule a servi à l'une et à l'autre (la Sainte Vierge et Marie-Ange) pour jouer ensemble.

10º Une petite boîte en carton , le dessus en verre, contenant des anneaux en verre avec un écrit de M. Chaboud , dont voici le contenu : anneaux qui ont été plusieurs fois cassés ou broyés, jetés dans l'eau ou au feu , et revenant tout de suite sur les doigts.

11º Une autre boîte contenant des aman

des pelées et tirées de leur coque, contenant aussi un billet de M. Chaboud, dont voici le contenu : ces amandes ont été mises dans la bouche de Marie-Ange par la Sainte Vierge, pour l'empêcher de serrer les dents pendant quelques attaques ; elle faisait des efforts pour les écraser, elle ne pouvait pas y réussir.

12º Cette cassette contient aussi la clef mystérieuse avec l'écrit de M. Chaboud, qui porte ce nom.

13º Trois paquets ou enveloppes contenant des symboles virginaux ; sur chacun il y a des écrits, savoir : deux écrits par M. Chaboud, le troisième écrit par Marie-Ange sous la dictée de la Sainte Vierge, dont voici le contenu :

« Marie
» Mon fils.

» Reçois o mon fils le sinbole virginal dont il m'a servi à moi Marie ta chère mère qui te parle et dont je donne en ce triste jour à ta chére enfant et souviens toi qu'il est destiné celui-là pour faire le voyage de Cazoul. Et sitôt que vous y serez arrivé tu la lui feras maitre — et memento — car celui qui cet fait sentir hier, avec tant de douceur — cet a dire notre bon père céleste — et bien c'est lui qu'il le désire, et il faut que cela soit ainsi. Je te salue donc o mon fils et je t'embrase dans mon cœur maternel. — Nos com prole pia bénédicat Virgo Maria mater mea — et je te bénis. »

14º Un autre paquet en papier, ayant par-dessus ces mots écrits par M. Chaboud : cheveux de Marie-Ange coupés de ma main en lui mettant un vésicatoire derrière une oreille, par ordre de notre bon Père céleste., l'enveloppe est de notre bonne Mère.

15° Un autre plus petit paquet où M. Chaboud a écrit par-dessus : rubans vieux à contenir les cheveux, remis à moi par ordre de la chère Mère.

16° Un petit portefeuille dans lequel Marie-Ange mettait les billets pour les porter à M. Chaboud.

17° Un mouchoir de Rouen blanc, enveloppé d'un papier portant écrit dessus : mouchoir imprégné de la liqueur des baisers de Jésus-Christ et de Marie, recueillie pendant la nuit du 23 octobre 1816 ; il en est question dans un billet de cette date.

18° Un autre mouchoir idem, portant écrit dessus : linges imprégnés des baisers de notre bien-aimé Jésus et de notre chère Mère, recueillis pendant la nuit du 2 octobre 1816.

19° Un paquet en papier ayant écrit dessus: deux purificatoires faits par ordre de notre chère Mère, et sous sa direction, garnis de dentelles tirées des coiffes de Marie-Ange ;

20° Un autre paquet idem, ayant écrit dessus : Ceinture et rabat portés par le bien-aimé; le rabat est marqué d'une croix faite de la main de notre bonne Mère, il en est question dans un billet ;

21º Un autre gros paquet en papier toujours ayant écrit par-dessus : cheveux de Marie-Ange remis à moi par Marie Tabarié, sa mère ;

22º Une boîte assez grande, couverte d'une étoffe en soie, contenant des linges imprégnés du sang de Marie-Ange, provenant d'une de ses veines qu'ouvrait de temps en temps son père l'ange avec son doigt, ce dont il est souvent question dans les billets ;

23º Une autre boîte en bois contenant aussi des linges imprégnés du même sang ;

24º Un petit paquet en papier ayant écrit dessus : Rubans à cheveux ;

25º Un petit Christ en ivoire.

Voici un billet écrit à Jeannette Henry par Marie-Ange, que m'a remis Victoire Vialas. Le premier est en réponse à un billet de bonne année que lui avait envoyé Jeannette Henry, son amie.

†

O quel doux plésir mon aimable amie tu me fais en ce beau jour ; Jésus notre bon metre a commancé en ce jour de repandre son sang pour nous tous pecheurs. Je te prie dabor en cette bonne année d'ofrir mes veux au ciel afin que ceux qui règne les recoivet de meme pour les ofrir au gran roi, qui aujourd'hui commance à mecouter, o ma chère amie quel heureux jour pour moi , je tasure que je vere mon Dieu pour présenter tes hommages honnore avec moi sa sainte magesté , et je tasure que tu auras beaucoup plus de piété. Recois toujours o ma chère amie la benedicion que je tanvoie de la part de notre chère Mère que j'ai demandée pour toi *M. S. con prole pià bénédicat Virgo Maria.* †

Ayant donné le témoignage des personnes vivantes , je vais donner une petite notice sur la vie de Jeannette Henry et de Marie-Anne Dufil , deux amies intimes de Marie-Ange, qui sont mortes il y aura bientôt vingt ans.

Jeanne Henry , née à Cazouls-lez-Béziers , était fille de Jean Henry , cultivateur. Elle suivit son père et sa mère , quand, après la Révolution , il fut à Lignan comme instituteur, Jeanne Henry était alors et a été toujours rachitique , mal conformée et n'ayant que ses mains de libres. Elle perdit sa mère à l'âge de dix ans ; son seul frère mourut à l'armée , et son père , homme pieux et brave , mourut après , en 1821. Si Jeanne Henry fut mal dotée du côté du corps , elle avait une âme des plus belles , un sens droit et une piété angélique. Elle disait souvent à Victoire Vialas , qui a resté longtemps dans la même maison ensemble avec elle : Ce serait bien désagréable pour moi d'avoir été bien malheureuse dans ce monde et de l'être dans l'autre ; mais Dieu n'abandonna pas une âme aussi soumise à sa sainte volonté, aussi remplie de son amour divin, car sa mort fut la mort d'une sainte fille ; c'est le témoignage que lui ont rendu et sont disposées à rendre toutes les personnes du village.

Victoire Vialas déclare que, depuis le premier janvier jusqu'au onze du mois de mars, jour de sa mort, elle a été toujours malade. Ses nuits se passaient en se plaignant toute endormie. Victoire voulait la veiller, mais elle ne le voulut pas absolument. Victoire insistant lui disait que si elle la trouvait morte, elle se trouverait bien dans la peine ; alors elle lui répondit que cela n'arriverait pas. Le jour de sa mort, je fus à Lignan la voir comme médecin et son ami ; le soir de ma visite, elle ne trouvait pas de position. Vers les quatre heures du soir, elle prit une compote de pommes qu'elle trouva bien bonne. Victoire étant descendue à la cuisine, sa belle-sœur monte pour la voir, et Jeannette commence à lui dire toute riante : il faut se quitter ! Victoire est alors appelée ; Jeannette se tourne alors vers elle et lui dit de même : il faut se quitter ! Victoire lui dit : qu'as-tu ? qu'est-que c'est ? et Jeannette continuait à lui dire : il faut se quitter. Elle ajoutait : et amies toutes toujours, disant ces paroles avec joie. Victoire lui dit : Eh bien ! la volonté de Dieu, il y a longtemps que je dis que la volonté de Dieu se fasse, en pensant que je te perdrai un jour ; alors Jeannette fit avec sa tête un signe d'approbation à ce que lui disait Victoire ; on fut prendre M. le curé, Jeannette en le voyant se détourna de Victoire et se tournant vers M. le curé, lui dit : Ah ! ah ! il faut se quitter ! M. le curé s'en fut chercher ce qu'il fallait pour l'administrer ; à son retour, elle était morte sans aucun râle.

Marie-Ange lui ayant prédit qu'elle mourrait à vingt-cinq ans, et tous ceux qui le savions ayant remarqué l'année de la prédiction et l'année de sa mort, nous eumes la certitude que la prédiction avait été véritable.

Marie-Ange, pendant qu'elle était sur la terre et qu'elle ne pouvait pas sortir de sa maison, lui envoyait de temps en temps, par écrit, de lui faire quelque petit ouvrage de couture et autres choses ; Victoire Vialas a conservé ces écrits.

Jeannette Henry faisant quelque chose à la fenêtre de sa maison n'a pas vu, pendant deux fois, Marie-Ange qui allait à l'église ; plus tard celle-ci lui dit ce qu'elle faisait alors lors de son passage.

Jeannette Henry avait reçu de Marie-Ange un bonbon qu'elle a gardé précieusement et que possède maintenant Victoire Vialas.

Marie-Anne Dufil était de Lignan, plus âgée

de vingt ans que Marie-Ange ; elle demeurait avec M. Mailhac, à Maraussan, et avait avec sa mère, pendant la Révolution, secouru l'abbé Mailhac, prêtre non assermenté. Elle venait néanmoins passer tous les dimanches et fêtes à Lignan, pour y suivre les offices et se confesser à M. Chaboud, y ayant toujours sa maison pour y coucher, quand elle était trop tardive et surtout quand elle était malade, n'ayant d'autre médecin que M. le curé de Lignan. Étant parente de Marie-Ange et très-pieuse, elle allait souvent la visiter, et comme elle fut désignée dans les billets pour venir accompagner Marie-Ange dans ses voyages à Cazouls, elles se lièrent d'une amitié plus étroite. Marie-Ange lui confiait beaucoup de choses qu'elle ne disait pas à ses autres amies. Elle lui dit, un jour, que j'étais le petit médecin, mais que Dieu était le grand médecin, faisant sans doute allusion à une erreur que j'avais commise, m'étant trompé sur le diagnostic d'une petite croûte que Marie-Ange avait sur une de ses oreilles. Marie-Ange lui avait annoncé beaucoup d'événements, des malheurs qui devaient arriver à beaucoup de personnes que Marie-Anne Dufil connaissait, et qu'elle m'a dit avant sa mort être tous arrivés, comme Marie-Ange les lui avait prédits. Marie-Anne Dufil, après la mort de Madame Mailhac, ne resta pas longtemps avec sa fille, Madame Sahúc, à Maraussan, elle vint à Lignan, dans sa maison ; mais M. Chaboud et Marie-Ange étaient morts ; il y avait bien les amies de Marie-Ange, mais elles n'étaient pas du même âge qu'elle ; ensuite, depuis longtemps, elle était atteinte parfois de coliques atroces, que M. Chaboud calmait quand il vivait, mais qui augmentèrent ou revinrent souvent, faute ou d'un bon traitement, ou à cause de son âge avancé. Un jour, je la vis à Lignan ; après lui avoir demandé des nouvelles de sa santé et qu'elle m'eût dit son état de souffrance, je lui conseillai de faire un traitement pour sa maladie, je lui dis même qu'elle pourrait peut-être devenir mortelle ; elle me répondit qu'elle le savait bien, qu'aucun traitement ne pourrait la guérir, mais qu'elle était soumise à la volonté de Dieu. Je n'ai jamais vu de personne plus sage, plus sensée et répondant à mes observations par des raisons aussi solides qu'elle ; elle avait une foi vive, une piété admirable : sa mort a été celle de la mort du juste.

Puisque j'ai donné une petite notice de la vie de Jeannette Henry et de Marie-Anne Dufil, il convient que je dise quelque chose de la vie de Marie Roudier et de Marie Blanc, dont nous avons déjà parlé dans cet écrit.

Marie Roudier était de Lignan. Elle fut atteinte d'une cécité incomplète dès son bas âge, ainsi que son frère. M. le curé de Lignan m'a eu dit que c'était une punition de Dieu occasionnée par ses parents. Elle les perdit fort jeune et fut obligée de vivre jusqu'à sa mort avec son frère, qui, n'ayant pas la religion qu'elle avait, lui donna le moyen de gagner le ciel, en le supportant avec beaucoup de patience. Ni son frère, ni elle ne pouvaient, à cause de leur infirmité, travailler le peu de terres que leur avaient laissé leurs parents, et elle faisait avec beaucoup de difficulté les affaires de sa maison, ce qui la mit souvent dans le cas de recevoir les services de ses amies qui ne lui firent pas défaut. Marie Roudier, après sa première communion, fut choisie par Marie-Ange, étant du même âge, pour être du nombre de ses amies. Elle assistait à leurs amusements innocents et à leurs goûters de chaque année, et les amusait beaucoup à cause de sa simplicité et de sa bonté qu'elle possédait à l'excès. Après la mort de Marie-Ange, elle fut atteinte d'une tumeur osseuse à un poignet d'un de ses bras, qui bientôt s'ouvrit et se changea en une grande plaie fistuleuse, qui dura jusqu'à sa mort, malgré les traitements les mieux indiqués. Cette maladie la mit dans le cas de ne pouvoir faire tout ce qu'elle faisait auparavant. Son frère, qui n'entendait pas raison , la fit souffrir encore davantage , et sa maladie empirant, lui procura avec le temps une hydropisie générale, qui fut la cause de sa mort , qui termina ses longues souffrances , vers la fin de l'année 1858. Elle recevait , de temps en temps , la communion à l'église , (pas si souvent qu'elle l'aurait désiré, à cause de l'état maladif de M. le curé). Elle fut bien servie par ses amies , Victoire Vialas et Élisabeth Layssac , et mourut bien soumise à la volonté de Dieu , ayant sa pleine connaissance. Toutes les personnes du village de Lignan ont toujours été remplies d'estime pour elle et l'ont toujours considérée comme une brave fille. J'assistai , au mois de décembre dernier, à une messe de son anniversaire.

Marie Blanc était native du village de Causses. Depuis longtemps elle était fille de service de M. Gély, maire de Lignan , et servant par conséquent M. le curé qui logeait chez M. le maire , elle était très-liée avec les parents de Marie-Ange et avec elle surtout , faisant les commissions de M. le curé auprès d'elle. Elle était bien liée avec M. Henry, instituteur, et comme M. le curé mettait souvent ce dernier en rapport avec Marie-Ange et ses parents , ils s'étaient promis entr'eux que , lorsque l'un d'eux saurait quelque chose touchant Marie-Ange , il le dirait à l'autre. Après la mort de M. Gély , de M. le curé et de Mademoiselle Marion ; Marie Blanc souffrit beaucoup de son rhumatisme et fut atteinte de la cataracte qui finit par la rendre aveugle. Son rhumatisme allant toujours en augmentant, elle fut obligée de garder le lit jusqu'à sa mort, qui arriva au commencement de l'année 1858, ayant toujours sa pleine connaissance. Elle recevait (désirant de la recevoir plus souvent) de temps en temps la sainte communion. Elle avait une foi vive et supportait ses infirmités avec une patience héroïque, sans cesse en prières et parlant souvent de ce que M. le curé et M. Henry lui avaient dit de Marie-Ange, ne doutant nullement de tout ce qui était annoncé dans les billets et surtout de la sainteté de M. le curé qu'elle avait soigné comme une bonne mère. Élisabeth Layssac et Victoire Vialas ont soigné Marie Blanc tout le temps qu'elle a resté dans son lit infirme , aidant souvent la domestique de la maison des neveux de M. Gély. Marie Blanc et Marie Roudier sont mortes dans la même année ; elles ont dû , étant au ciel, obtenir de Dieu notre divin Maître que M. le curé fît sa démission de sa paroisse de Lignan , à cause de l'impossibilité où il était d'en remplir les fonctions , et elles ont dû obtenir de Dieu la nomination du curé actuel , prêtre pieux et instruit.

Marie-Ange disait souvent que, quand elle serait morte, elle jetterait de temps en temps son filet pour nous enlever de ce monde et nous réunir à elle dans le ciel. Le premier coup de filet enleva la sœur Gout, institutrice, native de Cazouls, fille pieuse et véritable croyante. Marie-Ange avait annoncé qu'elle mourrait dans trois ans et quelques mois. Calcul fait après sa mort, la prédiction fut trouvée vraie jusqu'au jour indiqué.

Le second coup de filet nous enleva M. Henry, instituteur de Lignan, homme simple et droit, véritable israëlite, qui mourut entouré de M. le curé, des amies de Marie-Ange, dans les meilleurs sentiments de piété envers Notre-Seigneur et sa divine Mère.

Le troisième coup de filet nous enleva M. Chaboud, curé de Lignan. Nous donnons ci-après une notice de la vie de ce saint prêtre.

Le quatrième coup de filet nous enleva Mademoiselle Marion, sœur de M. Gély, maire de Lignan, fille modèle de charité et d'autres vertus : j'assistai à sa mort, je la vis aussi résignée, aussi soumise que l'avait été M. Chaboud, son père spirituel, qu'elle avait soigné dans sa maison pendant vingt ans.

Le cinquième coup de filet nous enleva M. Julien, curé de Cazouls ; on pourra lire ci-après une notice de sa vie.

Le sixième coup de filet nous enleva le père de Marie-Ange, le plus brave et le plus honnête paysan de Lignan, homme simple, juste et craignant Dieu ; ne doutant nullement qu'il ne fût que le père nourricier de Marie-Ange, remplissant ses devoirs de chrétien jusqu'à sa mort, et tellement soumis à la volonté de Dieu dans ce moment suprême, qu'il disait alors à tous ses enfants qui pleuraient et étaient autour de son lit : Ne pleurez pas, ce n'est pas encore le moment ; après il dit à sa fille Claire : Claire, avez-vous du pain au moins ? elle lui répondit : Oui mon père, n'ayez pas de soucis pour nous.

Le septième coup de filet nous enleva Vincent Laus, frère de Marie-Ange, dont j'ai parlé ci-dessus en racontant sa conversion et ce qu'il avait fait avant de mourir, voulant être alors dans la chambre de Marie-Ange.

Le huitième coup de filet nous enleva Marie-Anne Dufil.

Le neuvième coup de filet nous enleva aussi Jeannette Henry (voir ci-dessus.)

Le dixième coup de filet nous enleva la mère de Marie-Ange, à l'âge de 84 ans ; elle disait que son corps était aussi robuste qu'un chêne blanc. Je n'ai pas connu (et tous ceux qui l'ont connue seront de mon avis) de femme plus simple et plus naïve qu'elle. Si parfois elle parlait du prochain en énumérant les torts qu'ils en avaient éprouvés, si elle manquait alors à la charité, elle n'en connaissait pas la conséquence; mais en compensation elle possédait toutes les autres vertus, foi des plus vives, espérance, amour de Dieu et du prochain, soumission à sa divine volonté, dévotion à la Sainte Vierge. Elle était si pieuse qu'elle aurait passé à l'église plus de temps que ses affaires domestiques le lui permettaient. Son mari, Joseph Laus, venant de bien travailler et ayant besoin de réparer ses forces, ne trouvait pas bien souvent le repas qu'il lui aurait fallu; de là, des querelles et quelquefois il lui disait des mots ou qualifications qui ne lui convenaient pas, et auxquels elle répondait dans sa simplicité ces paroles; J'ai été pas moins choisie pour être la mère de Marie-Ange, et la querelle finissait là. Joseph Laus finit enfin ses querelles avec sa femme; mais elle était si simple, si naïve dans ses querelles, qu'au lieu de s'excuser, souvent elle s'accusait sans le vouloir, ce qui faisait alors dire à son mari: Au lieu de te tirer des ronces où tu es, tu t'y enfonces davantage. C'est elle qui eut l'idée de placer une statue de la Sainte Vierge à côté de la fenêtre de la chambre de Marie-Ange, et fut inspirée de s'adresser à moi pour bien faire ce petit monument que j'ai dirigé de mon mieux, en voulant honorer notre bonne Mère, qui a apparu si souvent dans cette chambre et y a répandu tant de grâces et fait connaître ses divines volontés. La mère de Marie-Ange eut, trois ans environ avant sa mort, une maladie grave ; je passai alors à Lignan, et l'ayant visitée, je lui ordonnai un purgatif qui la mit tout de suite en convalescence. Plus tard, elle fut atteinte d'une maladie de poitrine ; je fus la visiter aussi, mais c'était un peu trop tard ; alors elle dit dans sa simplicité à sa fille Claire : Je ne voudrais pas que M. Martel me guérît comme l'autre fois, il vaut mieux pour moi qu'il me laisse mourir. Je fis néanmoins mon ordonnance, mais son mal était sans ressource ; elle mourut bientôt, après avoir reçu les sacrements dans les meilleures dispositions, s'endormant dans le Seigneur notre Dieu, en compagnie, sans doute, de Marie-Ange, sa sainte fille. Il y avait longtemps qu'elle avait préparé et déposé dans un lieu sûr sa robe blanche et sa coiffe blanche pour son enterrement. La mère de Marie-Ange a eu sa bonne part de bonbons ou sucreries que Notre-Seigneur donnnait en abondance à son épouse chérie ; elle a senti aussi souvent l'odeur de la Sainte Vierge, notre bonne Mère. Claire Laus, sa fille, nous assure que souvent Marie-Ange

l'a eue avertie en sa présence en lui disant
que l'odeur forte et suave qu'elle sentait, c'é-
tait l'odeur de la Sainte Vierge.

Le onzième coup de filet nous enleva Marie
Blanc.

Le douzième coup de filet nous enleva Marie Roudier.

Si toutes ces douze personnes étaient encore
en vie, nous aurions là bien des témoins qui
ont vu et su bien d'autres choses merveilleuses
qui nous sont inconnues.

Madame Chaboud, épouse de M. Chaboud,
négociant à Béziers, et nièce de M. Chaboud,
curé de Lignan, possède deux images, savoir :
l'une représentant la Sainte Vierge tenant l'Enfant Jésus sur ses genoux, et l'autre l'ange
Gabriel tenant un lys à sa main ; ces images
sont tirées des trois images que Marie-Ange
envoya à son cher père spirituel, dont voici
le billet d'envoi, écrit de la main de Marie-
Ange, que possède encore Madame Chaboud.

†

Mon cher père et mon père bien aimé, regardés les
trois images qui sont dans le portefeuille, je ne sais
d'où ils sont venus ; mercredy soir, je les ai trouvés
dans mon livre, je pense qu'ils sont bien pretieux ;
par conséquand s'ils vous font plésir, je vous prie de
les garder, je vous salue avec tous les respects de mon
cœur filial pour vous.

M. Chaboud, curé de Lignan, a mis ces

mots écrits de sa main : ils me furent remis le 28 décembre 1817, à midi.

Madame Chaboud possède encore une prière écrite de la main de Marie-Ange dont voici la copie :

☩

Créature du monde, j'avais perdu mon bien-aimé ; mais à présent je l'ai trouvé cet époux tout aimable, et je ne le quitterai plus ; ni des plaisirs, ni l'honneur, ni le monde, ni l'enfer avec toute sa malice, ne me sépareront jamais de Jésus ; plutôt mille morts que de vous quitter un seul moment, mon adorable époux ; mais comme il n'est rien de si faible que mes résolutions, affermissez mon courage et donnez-moi tout ce qui vous fait plaisir, pour que je puisse fuir avec courage les créatures qui vous déplaisent. Ainsi soit-il.

Guérisons, grâces et conversions obtenues par l'intercession de Marie-Ange, après sa mort.

Joseph Laus avait un fils unique âgé de quinze ans, bien fait, bon travailleur, intelligent, mais prenant déjà les habitudes du monde et disant à son père que, lorsqu'il serait plus âgé, il ne l'empêcherait pas de fumer, d'aller au café et au bal comme les autres. Bientôt après, son père fut le prendre au bal, lui donna en sortant un bon coup sur les fesses, lui disant : Va-t'en au lit, ce qu'il fit en obéissant à son père sans riposter. L'année d'après, il vint avec son père (c'était vers le mois de janvier 1854) rester à la Treille ; là il fut bien estimé et chéri de M. le comte d'Hultz, propriétaire de cette métairie. Le 4 du mois de septembre 1854, il tomba malade d'un érésypèle gangreneux à la jambe. Le cinquième jour de sa maladie, profitant de l'absence de sa tante qui était à la cuisine au-dessous de sa chambre, il se leva du lit ; sa tante entendant quelqu'un remuer, monta tout de suite et lui dit : mon enfant, t'es-tu levé ? celui-ci lui répondit : tu n'as pas entendu une voix qui m'a dit : allons, qui veut se confesser, qu'il s'approche, et moi qui croyais que M. le curé fût là, je me suis levé ! Sa tante Claire lui dit : les malades confessent au lit, et tout de suite, M. Mostolat, prêtre, de Béziers, entra dans la chambre envoyé par M. le curé de Maraussan, que l'homme d'affaires de M. le comte d'Hultz avait prévenu. Ce prêtre le confessa, lui porta le lendemain le Saint Viatique, lui donna le sacrement d'Extrême-Onction, et dut être bien content de lui, puisqu'il fit l'éloge de ses sentiments religieux, de ses bonnes dispositions. Trois jours avant sa mort, sa tante Claire qui tenait la place de sa mère, lui faisant des baisers, lui disait : tu n'es pas ami avec ta tante ? alors il répondit : mais quelle tante, quelle laide tante tu es ! Claire lui dit alors : est-ce que tu en as une autre plus jolie?

Alors il lève sa tête de dessus l'oreiller, et avec sa main droite écartant le drap de lit, il dit : ma tante qui est si belle s'est cachée. Depuis, jusqu'à sa mort, qui arriva le 19 septembre, il ne fit que prier et chanter des cantiques, surtout celui-ci :

Partons, partons, ô mon âme,
   Quittons ce triste lieu,
   D'une divine flamme
   Allons brûler aux cieux,
   Non, jamais la terre,
   Ne remplira mon cœur ;
   Qui peut le satisfaire ?
   Le ciel, le ciel, Seigneur.
   Ni gloire, ni richesse,
   Ne me rendront heureux.
   Ah ! disons-le sans cesse,
   Le bonheur n'est qu'aux cieux.

O Jésus, cher amour, je me livre à vous sans réserve.

Joseph Laus, après la mort de son fils unique, négligea la fréquentation des sacrements et en vint même à ne pas faire ses Pâques ; sa sœur Claire ne cessait de prier Marie-Ange d'obtenir sa conversion. Une nuit, il fut éveillé par une forte douleur à l'un de ses côtés, qui l'empêchait de respirer, et qui aurait été mortelle si elle avait duré davantage. En même temps, il vit une grande clarté dans sa chambre, qui lui inspira cette pensée : que s'il n'allait pas se confesser, il était mort. Promettant alors à Dieu de remplir tous les devoirs de bon chrétien, il fut tout de suite guéri de sa douleur et la clarté disparut aussi. Cette clarté, qu'il avait vue plusieurs fois avant et même après la mort de Marie-Ange, lui rappela les salutaires conseils qu'elle lui avait donnés, pendant qu'ils étaient ensemble dans la même maison ; et maintenant Joseph Laus est un des plus fervents chrétiens de nos environs.

M. Julien, curé de Cazouls, vit dans un songe Marie-Ange vêtue d'une robe blanche, s'élever en l'air de Lignan, passer sur Cazouls, et étant à la croix de Deuillan, qui est à cent mètres de ce village, sur le chemin de Notre-Dame, s'élever alors verticalement vers le ciel. Cette vision eut lieu au moment même où Marie-Ange rendit son âme à Dieu. M. Julien a pu affirmer cela, ayant entendu l'horloge après sa vision.

L'oncle de Marie-Ange, qui habitait la ville de Roquemaure sur le Rhône, vit, étant éveillé, une grande clarté dans sa chambre, au moment même de la mort de Marie-Ange. Il fut alors persuadé que cette clarté annonçait la mort d'un de ses parents. C'est ce qu'il écrivit dans sa réponse à son frère, père de Marie-Ange, qui lui avait fait part de la perte douloureuse de sa chère fille.

Victoire Vialas a été bien affligée dans plusieurs circonstances, après la mort de Marie-Ange ; elle a eu toujours recours à elle, et, pour cela, elle allait souvent implorer son secours à la chapelle de saint Vincent de l'église de Lignan, où est le tombeau de Marie-Ange et de M. Chaboud., et toujours en les priant d'intercéder pour elle ; elle en a été secourue et a parfois entendu une voix intérieure qui lui traçait la route qu'elle devait tenir et suivre. Entre autres choses, je vais raconter celle-ci : Un jour, Victoire devait venir à Cazouls ; après avoir fait sa prière à sa maison, elle fut à la chapelle de saint Vincent pour recommander son voyage à Marie-Ange et à M. Chaboud ; alors elle entendit une voix intérieure qui lui dit : Il t'arrivera quelque accident aujourd'hui. Victoire répondit à cette voix : Si quelque chose doit m'arriver, que cela arrive à mon corps et non à mon âme. Étant arrivée à Cazouls fort tranquillement, elle s'en retourna pour aller à Notre-Dame de la Providence entendre une messe, et de là revenir à Lignan. Quand elle fut à la descente de Maraussan, la mule sur laquelle elle était montée s'emporta ; voyant qu'elle ne pouvait s'y tenir dessus, elle eut l'idée de se jeter à terre ; dans cette chute, elle se donna un coup à la tête qui lui fit perdre connaissance, et ce ne fut que par les bons soins qu'on lui prodigua qu'elle revint en bonne santé.

Un des fils de M. le comte d'Hulz ayant eu une pleurésie qui se termina par suppuration en un dépôt entre la plèvre et les côtes, dépôt reconnu par les meilleurs médecins et chirurgiens de Paris, les traitements les mieux indiqués furent employés sans résultat. Ses parents, désolés et bien pieux, s'adressèrent alors à Dieu et à la Sainte Vierge, et firent prier pour leur fils les personnes qu'ils jugèrent les plus saintes et le plus en crédit auprès de notre divin Maître. Claire Laus, qui était depuis longtemps domestique poullaillière de M. le comte d'Hultz, à sa campagne de la Treille, et qui est très-attachée à ses maîtres, eut la bonne idée de faire alors dire, sans le communiquer à personne qu'à son confesseur, M. le curé de Maraussan, une messe à la chapelle de saint Vincent, sur le tombeau de Marie-Ange et de M. Chaboud, dans l'intention d'obtenir la guérison du fils de son maître, par leur intercession. Bientôt après, elle sut qu'il était guéri (le dépôt avait disparu sans que le pus fût sorti par aucune voie), et fut persuadée que cette guérison datait du jour où cette messe avait été dite.

En 1856, vers la fin du mois de novembre, je fus voir mon fils Charles, alors professeur au grand séminaire d'Aire sur l'Adour. Je souffris beaucoup du mauvais temps en route. Étant à Toulouse , j'avais une douleur à un de mes jarrets qui m'empêchait de marcher , et l'appétit commençait à me manquer. Arrivé au grand séminaire , je fus atteint d'une bronchite des plus violentes qui , par la grande quantité de crachats que j'expectorai, me mit bientôt dans un état de faiblesse et de maigreur extrêmes , qui fut augmenté tellement encore par une forte saignée et un purgatif , que je ne pouvais faire le moindre mouvement sans m'évanouir. MM. Sorbets père et fils, docteurs en médecine, qui me soignèrent, jugèrent que ma maladie était mortelle. Chaque nuit vers les onze heures, et chaque jour vers les onze heures aussi , j'avais une forte quinte de toux qui m'aurait arrêté la respiration , si je n'avais pas expectoré une quantité énorme de crachats, dont quelques-uns étaient jus de pruneaux. Le quatrième jour de ma maladie , j'étais seul dans ma chambre ; la quinte de toux survint vers les onze heures , comme à l'ordinaire ; mais , ce jour-là , j'étais si faible que je n'eus pas la force d'expectorer ; ma respiration s'arrêta alors , et deux minutes plus tard, j'étais asphyxié. Je m'adresse alors à la Sainte Vierge et lui dis de pensée : Ma bonne Mère , si je suis encore utile sur cette terre pour Marie-Ange , donnez-moi la vie ; et tout de suite je fus assuré et convaincu que je ne mourrais pas , et j'en fus plus que si tous les médecins me l'eussent dit. Je n'eus pas plutôt fini ma prière, que M. Sorbets père ouvre la porte de ma chambre (n'étant jamais venu à cette heure faire sa visite), me voit mort , va à la cheminée, prend de la tisane, la verse dans ma bouche comme s'il la versait dans un trou en disant : Buvez , buvez ; alors je sentis un soulèvement de mon estomac , et je vomis (c'est la première fois que je me rappelle avoir vomi dans ma vie) un crachat dur et gros comme une grosse noix, ce qui me permit de respirer et me rendit la vie. Par les lettres qu'écrivait mon fils Charles à mon fils Joseph, médecin à Béziers , mon ramonet Joseph Bayle savait que les médecins qui me soignaient avaient jugé ma maladie mortelle. M. Billière, maire de Lignan , l'ayant rencontré , un jour, pendant que j'étais bien malade , et lui ayant demandé de mes nouvelles , Joseph Bayle lui dit que mon état était sans espoir de guérison; alors M. Billière lui répondit : Non , Dieu ne permettra pas qu'il meure , parce qu'il a une mission à remplir à Lignan.

Le certificat suivant fera connaître toutes les phases de ma maladie et l'état désespéré dans lequel je me trouvais :

« Je soussigné , docteur-médecin de la Faculté de Paris , habitant la ville d'Aire, département des Landes , certifie que , dans l'année 1856 , ayant été appelé au grand séminaire de cette ville pour y donner mes soins à M. le docteur Martel père , je le trouvai atteint d'une bronchite des plus graves qui m'inspira d'abord les plus grandes craintes; que tous les jours, vers les onze heures du matin , le malade éprouvait une quinte de toux très-forte qui le menaçait du suffocation ; que le quatrième jour surtout, ayant ouvert la porte de sa chambre , je le trouvai presque suffoqué. Je m'empressai alors de lui donner abondamment de la tisane chaude , qui détermina le vomissement et par suite l'expectoration d'un énorme crachat, ce qui lui redonna la respiration et la vie. Depuis ce moment , les symptômes graves disparurent , et une bonne convalescence s'établit.

» En foi de quoi j'ai délivré le présent certificat. »
» Aire , le 21 avril 1860.
» SORBETS , D. M. P. »

Mon petit-fils Charles, fils de mon fils Joseph , médecin à Béziers , âgé de cinq ans , était bien menacé du croup, pendant l'épidémie de cette maladie qui a régné à Béziers, en l'année 1859 , et qui a emporté beaucoup d'enfants de son âge et de toute condition. Mon fils et ma belle-fille craignaient beaucoup que ce malheur leur arrivât. Je leur conseillai de faire dire au petit Charles , surtout à la prière du matin et du soir , cette courte prière : Marie-Ange guérissez-moi du croup. Ma belle-fille, qui a beaucoup de confiance en Marie-Ange, ne manqua pas à cela, et quand parfois elle l'oubliait, le petit Charles le lui rappelait et disait : Marie-Ange, guérissez-moi du croup. Vers le mois de novembre 1859, le petit Charles fut atteint du croup ; son père voyait bien la peau croupale dans son arrière-bouche, et craignait beaucoup de ne pas pouvoir le guérir ; mais, bientôt après, il rendit cette peau et fut guéri. On conserve cette peau, à la maison, dans de l'eau-de-vie. Deux mois après, Charles eut des reprises qui inquiétaient beaucoup ses parents ; on lui donna du sulfate de quinine en lavements, qui ne guérissait pas ses reprises. Plus tard, il eut la toux croupale pendant dix-huit heures ; ses parents avaient déjà perdu l'espoir de le sauver, quand le petit Charles rendit au bout de ce temps une autre peau croupale que son père n'avait pas vue dans son arrière-bouche, et fut guéri tout de suite, et il se porte parfaitement bien depuis ce temps-là. Cette peau a été conservée aussi, comme l'autre, dans de l'eau-de-vie. Les personnes qui ont vu l'enfant dans ces circonstances on dit que sa guérison était miraculeuse.

Ma belle-fille, mère de Charles, prit tant de peine pendant sa longue maladie, et elle en était tellement affectée, que, depuis sa guérison, elle était atteinte d'une névralgie d'un côté de sa face qui la faisait bien souffrir et l'obligeait parfois de se lever du lit jusqu'à trois fois pendant la nuit ; il y avait déjà long-temps que cela durait. Voyant qu'aucun remède ne pouvait la soulager, je lui conseillai, le 28 févrir 1860, de s'adresser à Marie-Ange, et je lui dis que je la prierai aussi pour qu'elle lui obtînt sa guérison. Je la quittai alors et partis pour Cazouls, étant persuadé qu'elle en serait guérie ; bref, depuis lors, elle n'a plus senti sa névralgie.

Joseph Laus avait une plaie sur un de ses orteils qu'il s'était faite en piochant la terre, au commencement de l'année dernière (1860.) Cette plaie ne guérissait pas et l'empêchait de mettre son pied dans le soulier. Un samedi au soir, réfléchissant qu'il serait forcé d'aller à l'église, plusieurs dimanches, sans pouvoir mettre son pied dans le soulier, il pria Marie-Ange de lui obtenir de Dieu sa guérison. Le lendemain, dimanche, la plaie était guérie et il put mettre son pied dans le soulier.

Pendant tout l'hiver de 1860, j'ai eu tantôt des rhumes de cerveau, après des rhumes de poitrine et presque toujours des maux de dents ; je n'avais pas d'appétit ni de goût pour les aliments. Le soir du vendredi-saint, je fus atteint d'une bronchite aiguë qui devenait de plus grave, par des quintes de toux suivies d'une expectoration considérable de crachats et par-

fois de suffocation. Ces quintes venaient pendant la nuit et pendant le jour. Depuis quatre
jours, je ne cessai de prier Marie-Ange de
m'obtenir de son bien-aimé, le grand médecin,
la connaissance de la cause de mon état mor-
bide. Après ces quatre jours, dans la nuit du
vendredi au samedi, veille du dimanche de
Quasimodo, Notre-Seigneur voulut bien me
la faire connaître ; je ne pris plus du lait que
je prenais tous les jours, depuis la maladie
que je fis à Aire en 1856, et tout de suite les
quintes de toux cessèrent, les crachats aussi,
l'appétit revint, le goût aussi ; je repris toutes mes occupations, parfaitement guéri ; en
preuve de cela, c'est que le dimanche de *Quasimodo*, j'entendis la première messe, où je
fis mes Pâques, ensuite la grand'messe ; j'é-
crivis, je fis mes visites, je fus à la procession à Notre-Dame-d'Aides, qui est à une
demi-heure de Cazouls ; j'en revins si peu fa-
tigué, que j'aurais été encore à pied à ma
campagne. Je puis bien dire que, depuis 1856
jusqu'à ce jour, je n'ai jamais été aussi bien
portant.

Mentionnons, en terminant, la déclaration
suivante de Claire Laus, que nous avions ou-
bliée involontairement :

Claire Laus a déclaré qu'elle a entendu dire

à sa mère que, peu de temps après la naissance de Marie-Ange, elle avait trouvés intacts, dans son cabinet, tous les linges qu'elle avait préparés pour l'envelopper.

NOTICE

SUR LA VIE ET LES VERTUS DE

M. ANTOINE CHABOUD,

Curé de Lignan.

Antoine Chaboud naquit à Béziers, en
l'année 1762. Son père, Pierre Chaboud, exerçait la profession de menuisier ; sa mère s'appelait Jeanne Millet. Antoine Chaboud fit
avec succès ses études au collége des RR. PP.
Jésuites ; sa modestie et sa piété le firent remarquer tout jeune encore et admirer de ses
maîtres et de ses condisciples ; il était un membre zélé de la Congrégation de la Sainte Vierge
que ces bons Pères avaient établie dans leurs
colléges, et continua d'en être membre après
leur départ. Dieu l'appelant au sacerdoce, au
grand séminaire il fut l'exemple de tous par
sa régularité et ses vertus, et ayant fait ses
études théologiques, l'ordre de la prêtrise lui
fut conféré étant encore fort jeune, et son illustre évêque, pour preuve de son estime et
des espérances qu'il avait fait concevoir, le

nomma vicaire d'Aspiran , ayant pour curé alors M. Daumas , prêtre aussi éminent en vertus qu'en science , qui fut plus tard, après la Révolution , nommé curé de Saint-Nazaire, à Béziers. Sous un si excellent curé , M Chaboud marcha avec sainteté dans le sentier de la loi de Dieu. M. Daumas , plein de vénération pour son vicaire , le choisit dès-lors pour son confesseur , et fut le confesseur de son vicaire , ce qui dura jusqu'à sa mort , qui arriva en 1816 , étant curé de Saint-Nazaire , à Béziers.

Plus tard , Mgr de Nicolaï , évêque de Béziers , et peu de temps avant la Révolution de 1789 , nomma M. Chaboud, curé de Lignan, village près de Béziers , où Mgr l'évêque avait son château. M. Gély , maire de Lignan , et alors le plus riche et honnête propriétaire de Lignan , connnaissant ainsi que ses sœurs le mérite et les vertus du curé que la Providence leur envoyait , auraient voulu communiquer leurs sentiments à toute la paroisse; mais nous tonchions déjà alors à notre première Révolution , et les esprits s'éloignaient du respect qu'ils auraient dû porter aux ministres du Seigneur. Bientôt le gouvernement exigea des prêtres leur serment à la Constitution civile du clergé. M. le curé de Lignan fut un des plus zélés à le refuser. Un jour , étant à Béziers et allant de la rue de la Citadelle à sa maison qui était à la rue des Prêtres, il entendit que des paysans révolutionnaires disaient, derrière lui : Qu'il ferait un bel et joli pendu ! C'était l'époque où on avait déjà pendu des prêtres à Paris. La persécution devenant de plus en plus forte, les prêtres du diocèse de Béziers, sauf peu d'exceptions, résolurent de s'exiler en Italie. M. le curé de Lignan fut de ce nombre. Ils partirent pour l'Italie, le 10 août 1791. Voici ce qui est écrit dans les billets dictés par Notre-Seigneur Jésus-Christ et sa divine Mère à Marie-Ange, pendant les années 1816, 1817, 1818, et qui ont été envoyés par M. Antoine Chaboud, en 1825, à la Sacrée Congrégation des Saints-Rites, à Rome : « La » veille du départ de M. le curé de Lignan » pour l'Italie, l'ange du Père céleste plaça » dans un vide de la poitrine de M. le curé » pendant qu'il dormait et sans l'éveiller, le » corps de Marie-Ange qui n'était pas plus » gros que le petit doigt. Notre-Seigneur Jé- » sus-Christ avait dit auparavant à cet ange » de former ce corps avec du limon, lequel » corps étant formé, Notre-Seigneur Jésus- » Christ lui donna une âme. » M. le curé ignorait tout cela alors, et cependant il fut fortifié dans son voyage et son exil, tellement qu'il fut pendant ce temps toujours gai et con-

tent , au milieu de la tristesse des autres prêtres ses compagnons , et fut tant aimé en Italie , par ses vertus , sa science , ses bonnes
manières , qu'il fut nommé confesseur d'un
couvent de religieuses. Étant en Italie, il consacra sa paroisse de Lignan à la Sainte Vierge.
A son retour de l'exil, il promit à notre bonne Mère de construire dans son église de Lignan une chapelle en son honneur, et d'y faire
l'octave de l'Assomption , s'il revenait curé de
son ancienne paroisse ; ce qu'il exécuta bientôt après son arrivée dans sa paroisse.

M. Chaboud , curé de Lignan , possédait
toutes les bonnes qualités physiques et morales. Il était d'une belle taille , svelte , bien
prise , d'une belle figure. On peut voir ses
portraits peints par lui-même , que M. Chaboud , négociant , de Béziers , son neveu , a
dans sa maison. L'un des portraits fut fait
étant abbé et l'autre quand il fut curé de Lignan. On peut voir aussi son portrait en buste ,
sculpté par lui-même devant un miroir : ce
portrait est chez M. Billière , à Lignan. M.
Chaboud connaissait très-bien la médecine en
ayant suivi les cours à Florence pendant son
exil. Il connaissait aussi l'architecture , la
peinture , la sculpture et beaucoup d'autres
sciences ; il connaissait et pratiquait les arts
mécaniques ; nous avons des ouvrages faits par

lui qui en font foi. M. Chaboud avait un très-
bon jugement, et il était si aimable et si doux
dans la conversation qu'il attirait auprès de lui
les personnes les plus distinguées , qui l'ayant
connu une seule fois, ne l'auraient voulu quitter , si cela eût été possible. Il était l'ami intime de M. Bayse qui était alors le prêtre le
plus savant et le plus pieux de Montpellier ,
l'ami intime de M. Dalga, qui fut nommé grand-
vicaire du diocèse ; il l'était aussi de M. Vi-
gues , curé de la Madeleine , de M. Daumas,
de M. Cabanel , qui tous furent le conseil, et
dirigèrent Mgr Rollet , évêque de Montpellier,
dans l'administration de son diocèse. Enfin M.
Chaboud était un prêtre que Dieu avait destiné
et voulait donner pour directeur et père spirituel à Marie-Ange , sa véritable épouse des
cantiques ; d'ailleurs ce qui se passa et s'accomplit à sa naissance et pendant son bas âge
faisait déjà prévoir que la Providence la desti-
nait à une haute mission. Mais reprenons le
cours de notre narration : M. Chaboud, arrivé à Lignan , dans sa paroisse , à son retour
de l'Italie , M. Gély , maire de Lignan , et sa
sœur , Mademoiselle Marion , voulurent le loger et le nourrir dans leur maison , ce qu'il
accepta pour pouvoir mieux assister les pauvres de sa paroisse. Alors , tous les ans , il
donnait environ 1,500 fr. , leur disant : Ce

n'est pas moi qui vous fais cette aumône, mais c'est M. le maire. Nous avons dit qu'il était excellent médecin ; c'est à cause de cela que, s'étant aperçu qu'un officier de santé d'un village voisin prélevait, tous les ans, dans sa paroisse, la somme de 1,500 fr., tandis qu'il voyait qu'on pouvait lui épargner une si forte dépense, il résolut de voir lui-même les malades, de leur fournir les remèdes et de payer les visites des médecins qu'il jugerait convenable de faire venir à Lignan. Le gouvernement d'alors ayant su, quelque temps après, qu'il fournissait *gratis* les remèdes aux pauvres de sa paroisse, lui envoya une petite pharmacie, où se trouvaient les remèdes les plus usuels. A sa mort, j'ai hérité de ces remèdes que j'ai donnés d'après ses intentions aux pauvres.

Cette manière d'agir réussit à M. Chaboup parfaitement ; cet officier de santé n'eut pas plus de deux pratiques dans sa petite paroisse. La renommée de M. le curé comme médecin fut si grande, que des villages voisins l'on venait pour le consulter, même de sept lieues à la ronde. Dieu avait permis tout cela à cause de Marie-Ange, qui devait être souvent dans des souffrances extraordinaires et presque continuelles, et si M. le curé n'avait été que son médecin de l'âme, tandis qu'il était aussi le médecin de son corps , des malveillants ou certaines personnes le voyant souvent auprès d'elle auraient pu inventer quelque calomnie , ce dont personne n'a donné le moindre soupçon , tant à Lignan que dans tous les environs on était persuadé de la sainteté de M. Chaboud et de Marie-Ange. Je n'ai jamais su ni connu de curé, de mon vivant, qui soignât mieux les malades de sa paroisse , tant pour l'âme que pour le corps , que M. le curé de Lignan. Il était presque continuellement auprès d'eux , au commencement et à la fin de leurs maladies ; il apportait toujours la paix et la concorde parmi ses paroissiens.

Nous avons dit qu'il était un excellent architecte. Le gouvernement d'alors l'avait reconnu , puisqu'il le nomma commissaire pour inspecter toutes les églises de l'arrondissement de Béziers et indiquer toutes les réparations et constructions qu'il y aurait à faire. Quand il voulut construire le clocher de son église de Lignan , il en fit le devis et y ajouta la peinture de ce clocher. M. Fournier , alors sous-préfet de Béziers , fut tellement content du devis et de la peinture du clocher, qu'il dit à M. le maire de Lignan : Faites savoir à M. le curé que je lui donne la permission de faire des devis dans tout mon arrondissement. Ayant fait le devis de la construction de la fontaine

de Lignan et en ayant fixé le prix , cette construction fut mise à l'enchère. Les meilleurs
maçons et maîtres-maçons de Béziers se rendirent à à Lignan , et tous s'en retournèrent
et dirent que le prix était trop peu élevé. Alors
M. le curé dit à son maçon : Il faut que tu
fasses cette construction au prix que j'ai fixé ;
le maçon refusait en disant : Les maîtres-maçons ont jugé qu'ils y perdraient , je ne veux
pas y perdre. M. le curé lui répondit : Qu'il
n'emploierait que tant de pierres , tant de
chaux , tant de main-d'œuvre, cela te coutera
tant , et encore il te restera la somme de cent
écus pour aller jusqu'à la mise à prix. Le maçon , connaissant les talents de M. le curé et
ayant confiance en lui , fit cette construction
et eut les trois cents francs que M. le curé lui
avait fait entrevoir. Un jour, la grande cloche
de Saint-Nazaire , à Béziers , ne pouvait pas
tourner ; les artistes , architectes , ingénieurs
de Béziers ayant été appelés, ne connurent pas
d'où venait le mal et ne purent la faire tourner ; M. Daumas ayant fait venir M. Chaboud,
celui-ci connut le mal tout de suite , fit enlever un morceau de fer et la cloche tourna comme à l'ordinaire. C'est M. Chaboud , curé de
Lignan , qui a donné le plan et fait construire
la chapelle du baptistère de l'église de Saint-
Nazaire. C'est lui qui a donné le plan au ser-

rurier de la croix de la Mission de 1815 , qui est sur la place Saint-Nazaire, près de la porte de l'ancien évêché , etc. Il était aussi sculpteur ; n'étant encore que séminariste, il avait fait le buste de Mgr de Nicolaï et de M. Daydé, son grand-vicaire ; il les avait mis dans son cabinet , et tous ceux qui venaient le voir dans son cabinet lui disaient tout de suite : Ah ! voilà Monseigneur , ah ! voilà M. Daydé , etc.

Après la première communion de Marie-Ange , M. le curé s'aperçut en elle de bien des choses extraordinaires , et ces prodiges allant toujours en augmentant , il y réfléchit beaucoup ; il consulta son confesseur et adressa beaucoup de prières à Dieu, à la Sainte Vierge et à tous les saints , afin d'obtenir les lumières du Saint-Esprit pour prendre une décision définitive sur ces choses extraordinaires. Il resta indécis pendant trois ans. Pendant ce temps , il allait à Béziers consulter M. Daumas , curé de Saint-Nazaire , qui lui disait d'aller doucement , de bien examiner ces choses et d'attendre jusqu'à ce qu'il fût éclairé d'en haut. M. Daumas était un prêtre d'un physique imposant, pieux , charitable , remplissant ses devoirs de curé de la manière la plus parfaite , aimé des pauvres et des personnes d'une piété solide. Certains curés de la ville de Béziers , ne possédant pas les vertus de M. le curé de Saint-Nazaire à un degré aussi éminent, étaient plus aimés des personnes qui ne pratiquaient pas la religion que de celles qui la pratiquaient avec conviction. M. le curé de Lignan visitait M. Daumas, dont il était le confesseur, plus souvent que les autres curés et prêtres de cette ville ; ce qui lui fit perdre un peu leur estime. Mais quand M. Chaboud se fut déterminé à croire à la sainteté de Marie-Ange et à dire que les miracles qui s'étaient opérés en elle venaient de Dieu, notre divin Maître, alors ces prêtres de Béziers ne gardèrent plus aucune mesure envers M. le curé de Lignan, en disant et écrivant de lui qu'il était devenu imbécile ; au lieu de s'adresser à lui, ils ne s'adressaient qu'aux personnes les plus mal famées de Lignan pour se moquer de tous ces prodiges. M. le curé de Lignan ne fut plus les voir à Béziers ; il n'allait alors dans cette ville que pour confesser et se confesser à M. Daumas. Il n'y fut plus après la mort de ce saint curé, qui mourut en 1816, entre ses bras, regretté des pauvres à qui il légua presque tout ce qu'il avait, et des personnnes réellement pieuses de Béziers. Cependant M. le curé de Lignan, en disant qu'il croyait à la sainteté de Marie-Ange, ne le disait que d'une manière subordonnée à l'autorité de l'Église romaine, à laquelle seule il reconnaissait et je reconnais aussi qu'appartient le droit de déclarer ceux qui sont saints et de déclarer aussi miraculeux ce qui est extraordinaire.

M. le curé de Lignan était venu à Cazouls-lès-Béziers, en 1814, confesser M. Bouniol, qui en était curé, atteint d'une phthisie pulmonaire ; il y est venu plusieurs fois pendant sa maladie et même après sa mort ; en même temps, il visita quelques malades ; partout il a laissé des preuves et des souvenirs de ses vertus et de son savoir. Pendant les années 1817, 1818, il y vint avec Marie-Ange et ses compagnes, du temps de M. Julien, curé de Cazouls.

Au printemps de l'année 1815, Marie-Ange fut attaquée, étant sur un mûrier, par deux gros serpents, dont l'un glissa et se plaça sur son sein et à l'épaule gauche ; l'effroi qu'elle en eut lui donna des attaques nerveuses. Elle en eut entre autres une qui dura vingt-quatre jours ; pendant ce temps, elle ne prit aucune nourriture ni solide ni liquide. Quand ces vingt-quatre jours furent passés, elle s'habilla, et ayant placé la pointe d'un de ses pieds sur la traverse longue de son lit, elle tournait doucement sur ses orteils, n'ayant pas d'autre appui ; pendant tout le temps qu'elle resta dans cette position, elle prêcha avec une voix claire, forte, et disant les choses les plus belles , surtout ces paroles : Faites pénitence, car ma fin est proche. Ces prédications se répétèrent cinq fois dans l'intervalle de quinze jours. Le bruit s'en étant répandu dans les environs de Lignan , il y eut une affluence de monde extraordinaire.

Marie-Ange écrivit bientôt après des billets à elle dictés par Notre-Seigneur Jésus-Christ et sa divine Mère. Elle les écrivait par obéissance , car elle n'avait pas appris à écrire et ne savait pas ce qu'elle écrivait , ni ne voyait pas et ne regardait pas par conséquent ce qu'elle écrivait. Dans ces billets Notre-Seigneur J-.C. et notre bonne Mère manifestaient bien des choses , bien des faits concernant la Sainte Église , notre Mère , et Notre Saint-Père le Pape , etc. ; Marie-Ange écrivit ces billets pendant les années 1816 , 1817 , 1818 , et les remettait ou les faisait remettre à fur et à mesure qu'ils étaient écrits à M. Chaboud , son confesseur , qui en fit une collection et les envoya , après la mort de Marie-Ange , à la Sacrée Congrégation des Saints-Rites , à Rome.

M. Daumas , curé de Saint-Nazaire , étant mort , M. Chaboud adressa à Dieu de ferventes prières afin qu'il voulût lui faire connaître le prêtre qui devait le remplacer comme son confesseur. M. Julien , curé de Cazouls-lès-Béziers, fut bientôt désigné dans un billet, pour remplir la même fonction que M. Daumas.

Quoique M. Chaboud , curé de Lignan , fût traité d'imbécile par certains prêtres de Béziers , ils ne niaient pas cependant qu'il ne fût un saint prêtre ; les prêtres les plus pieux de Béziers et des environs venaient souvent le voir , à Lignan , et ces visites ont continué jusqu'à sa mort. Il y avait un prêtre qui le visitait plus souvent que les autres , c'était le curé de Corneilhan , ami de son frère , qui était alors à Bologne. Ce curé de Corneilhan ne croyait pas à la sainteté de Marie-Ange ; néanmoins M. Chaboud le recevait toujours bien et aimait à discuter avec lui des questions théologiques , quoiqu'il le sût un peu jansé-niste. M. le curé de Lignan ayant dit , un di-manche, pour la conversion de sa paroisse, des paroles qu'il dit être écrites dans un billet dicté par Notre-Seigneur Jésus-Christ à Marie-Ange , on le sut bientôt à Béziers , et aussi peu de temps après à l'évêché de Montpellier. M. Coustou, grand-vicaire du diocèse, fut chargé pour cela d'écrire à M. Chaboud, qui dans sa réponse dut le satisfaire , puisque depuis lors rien n'est arrivé de l'évêché relativement à Marie-Ange.

Depuis l'année 1816, M. le curé de Lignan

sentait des odeurs les plus suaves , quoique n'étant pas toujours les mêmes ; tantôt c'était l'odeur de la Sainte Vierge , tantôt l'odeur de Notre-Seigneur : elles étaient quelquefois si fortes qu'il ne pouvait pas nous les cacher ou nous les dissimuler. Ces odeurs ont continué jusqu'à sa mort. Après la mort de Marie-Ange il a senti et bien distingué son odeur suave, et cela presque tous les jours , pendant sept ans.

Environ six ans avant sa mort , M. le curé de Lignan prit la résolution de ne manger, tant bien portant que malade , que des légumes , végétaux et fruits sans sucre , sans huile , ni graisse , ni beurre , ni lait , ne mangeant ni poissons, ni œufs, ni aucune espèce de viande; il garda ce régime jusqu'à sa mort. Pendant cinq ans , M. Chaboud , avec ce régime , se porta mieux qu'il ne s'était porté depuis bien longtemps ; il acquit un peu plus d'embonpoint et ne fut plus attaqué de la poitrine. Après ce temps-là , l'amour divin dont son cœur était embrasé , les soupirs qu'il poussait vers le ciel, mirent son corps dans un état de sainte langueur , et l'affaiblirent tellement qu'il finit bientôt par ne pouvoir plus dire la messe et par rester dans sa chambre. Il disait souvent alors : Je languis sur cette terre de misère et de mort; mais s'il était nécessaire que j'y reste , quand ce ne serait que pour un seul brin de la gloire de Dieu , j'y resterais bien volontiers. Aucun remède ne pouvait le guérir ; ses parents lui envoyèrent de Béziers le docteur Bertrand , qui lui ordonna du quinquina , qu'il prit par obéissance , sans aucun résultat. A cette époque-là , M. le curé ne pouvait avaler presque aucun liquide ; s'il en avalait , ce n'était que bien peu à la fois. Cela dura huit jours; après ce temps il put boire facilement , puisqu'il but deux bols de tisane l'un après l'autre , et alors il dit : Je sens un peu de fraîcheur ; mais quand je boirais toute l'eau de la fontaine, cela ne pourrait pas me désaltérer. M. le curé de la Madeleine et les prêtres les plus pieux des environs de Lignan lui conseillaient de prendre du lait , de bons bouillons de viande ; mais il refusa de quitter le régime qu'il s'était imposé jusqu'à sa mort , se privant de tous ces aliments.

M. Julien, son confesseur, ayant été changé de Cazouls à la cure de Saint-Jean-de-Védas , près de Montpellier, M. le curé de Lignan lui envoyait de venir pour se confesser et recevoir de lui la Sainte Communion , qu'il recevait aussi de temps en temps de M. Ginieis , prêtre , de Béziers , qui le remplaçait dans ses fonctions de curé. M. Julien lui donna , un jour , la Sainte Communion d'une manière solennelle , en présence d'un grand nombre de ses paroissiens ; c'était dans le mois de juin 1825. Élisabeth Layssac y assistait. M. Chaboud, avant de recevoir son bien-aimé, fit sa profession de foi et sa déclaration de soumission à Notre Saint-Père le Pape et à la Sainte Église catholique, apostolique et romaine, et après avoir reçu son Dieu, notre divin Maître, il pria M. Julien de donner la bénédiction à ses enfants. Mais quand il sentit que sa fin approchait, il fit venir M. Eustache, curé de Maraussan, pour lui administrer le sacrement d'Eucharistie en Viatique. J'y assistai, et avant de recevoir son Dieu, nous vîmes, tous ceux qui étions présents, M. le curé de Lignan se lever sur son séant, se revêtir de son surplis, de son étole et faire sa profession de foi, en récitant avec beaucoup d'onction le *Credo*. C'était vers la fin d'octobre, et ce ne fut que le 25 du mois de novembre qu'il nous fut enlevé. Pendant cet intervalle, je lui dis un jour : Il paraît que vous allez un peu mieux, nous aurons le bonheur de vous posséder encore quelque temps ; il aurait voulu, au contraire, que je lui dise qu'il aurait bientôt le bonheur de sortir de ce monde, puisqu'il parut ne pas se plaire à ce que je lui disais.

Après la mort de Marie-Ange, M. le curé avait fait construire dans son église une chapelle dédiée à saint Vincent, patron de la paroisse , vis-à-vis la chapelle de la Sainte Vierge. Il avait fait placer le corps de Marie-Ange, après sa mort, le long de la muraille qui divisait l'église et le cimetière, cette muraille devait être percée pour faire cette chapelle , de manière que le corps fût dans l'église. Cette chapelle étant faite, il fit creuser et construire un caveau , où il plaça le corps de Marie-Ange , et se réserva une place pour lui à côté de sa chère enfant.

M. le curé de Lignan avait fait faire son cercueil par un menuisier nommé Chapert; il l'avait essayé et avait préparé tous les ornements dont on devait l'habiller après sa mort.

M. le curé de Corneilhan venait le voir alors tous les jours ; la veille de son décès, il voulût lui parler en particulier, faisant sortir tous ceux qui étaient dans sa chambre. L'entretien fut long et accablant. M. le curé de Corneilhan étant enfin sorti et descendu au rez-de-chaussée, Mademoiselle Billière entra, et tout de suite M. Chaboud lui dit : Ils en auront le déboire, et faisant venir Mademoiselle Marion, sœur de M. le maire, il lui dit de faire venir Guillaume , domestique de M. Gély , pour l'envoyer à Saint-Jean-de-Védas et emmener M. Julien , son confesseur. Après cela , M. le curé commença à rêver; il disait son office, mais revenant à lui , il disait à Mademoiselle

Marion que quand il dirait l'office, elle voulut bien lui dire de se taire, ce dont elle s'acquitta bien. Sur le soir, M. Chaboud ne rêva
plus. Alors les personnes présentes entendirent qu'il disait souvent ces paroles : Amour
de mon Dieu, tout amour de mon Dieu, amour
filial, amour pastoral, amour béni, amour
divin, je vous adore ! Après cela on entendit
ces paroles : Encore quelques grains de désir.
Vers les neuf heures, il ne resta dans la chambre que Victoire Vialas, Marie-Anne Dufil,
Jeanne Gavaudan et Mademoiselle Marion.
Alors M. le curé commença à prier Mademoiselle Marion de lui tirer le couvre-pied. Quelque temps après, il demanda à sortir ses pieds
du lit ; on le fit et on les appuya sur le dos
d'une chaise. M. le curé fut calme après cela ;
il invoquait de temps en temps saint Joseph.
Ce calme dura jusqu'après minuit ; alors on
le vit pâlir, sur le point de s'évanouir ; Marie-Anne Dufil lui demanda s'il se trouvait mal ;
il répondit : Eh ! oui ; mais bientôt après,
étant toujours assis sur son lit, sans aucun
râle, inclinant sa tête du côté droit, il rendit son âme à Dieu. Lorsqu'on sut sa mort dans
le village, tout le monde se leva pour le voir ;
on l'habilla avec les ornements qu'il avait
préparés ; on le mit dans le cercueil qu'il
avait aussi préparé depuis longtemps, et,

avant le jour , suivi de tous les habitants de sa paroisse , il fut transporté dans son église et placé sur un catafalque qu'on avait érigé entre la chapelle de la Sainte Vierge et celle de Saint Vincent. Le bruit de sa mort se répandit dans la ville et les villages environnants ; tous ceux qui l'avaient connu en furent très-affligés. A Lignan , l'affliction fut bien plus grande. Le jour même de sa mort et le lendemain personne du village ne fut travailler aux champs ; ils avaient perdu un pasteur, un père qui les consolait dans leurs peines, les soulageait dans leurs maladies , etc. ; ils prévoyaient déjà qu'il serait bien difficile de le remplacer. M. Chaboud avait donné tout ce qu'il avait à sa paroisse , excepté ce qu'il avait hérité de ses parents ; il disait souvent qu'un bon curé doit donner à sa paroisse tout ce qu'il en avait reçu. Le 26 novembre 1825 fut le jour de ses obsèques ; il y eut une affluence considérable de personnes de Béziers , des villages voisins et de tous les habitants de Lignan , tous pénétrés de la perte qu'on venait de faire ; mais personne ne fut plus affligé que M. Gély , maire de Lignan , sa sœur, ses neveux et nièces , qui avaient vécu avec lui pendant vingt-cinq ans ; ils avaient eu le temps d'apprécier ses vertus , son savoir et le bien qu'il faisait dans Lignan ; ils savaient qu'on parlerait longtemps de lui et dans le village et dans tous les environs ; c'est ce qui véritablement a eu lieu et a lieu encore , car quand on parle de lui, on vante toujours ses bonnes qualités et son savoir , et il serait bien difficile de trouver une personne dans tout notre arrondissement qui pensât et parlât autrement.

M. le curé de Lignan disait souvent avant sa mort : Dieu aurait-il permis que nous nous soyions trompés ! Tout de suite réfléchissant sur sa bonne foi , sur ses bonnes intentions , sachant que Dieu connaît beaucoup de choses, de faits que nous ignorons , et qu'il peut manifester quand bon lui semble ; ne voyant rien dans ces révélations qui fût en contradiction avec le dogme et la morale chrétienne , il répondait : Non , Dieu n'aura pas permis cela. Eh ! comment Dieu aurait-il permis que le démon nous eût trompés !

J'espère , cher lecteur , que lorsque vous aurez lu avec bien d'attention et de bonnes intentions ces trois vies, qui ont été écrites d'après les témoignages les plus véritables et les plus consciencieux , ayant pour appui et pièces justificatives les billets qui sont depuis l'année 1825 à Rome, je suis persuadé que, si vous êtes de bonne foi, vous direz avec M. Chaboud, curé de Lignan, et avec nous: Non, Dieu n'a pas permis que le démon nous ait trompés !

MÉMOIRES CONTENANT DES RÉFLEXIONS

SUR DIFFÉRENTS SUJETS. (1)

Depuis longtemps , je me sens pressé d'écrire quelques pensées qui parfois s'emparent de mon esprit malgré moi , et l'occupent , quelques efforts que je fasse pour les rejeter. Je ne dois pas dissimuler qu'elles affectent aussi mon cœur , et le mettent dans un état ordinairement très-pénible. Cependant mes peines sont tempérées par des considérations qui viennent d'une autre source. J'ai résisté jusqu'à ce jour, me proposant d'écrire autres choses , que je croyais être selon la sainte volonté de Dieu et avantageuses à sa gloire ; en sorte que c'est le désir de faire la volonté de Dieu toute seule et toute entière , comme je le lui ai promis , d'une part, et de l'autre, la crainte de mettre ma méchante volonté à la place de celle de mon cher père, mon père bien-

(1) Voici un mémoire écrit par M. Chaboud, curé de Lignan , en 1822, contenant ses pensées et ses diverses réflexions. En le lisant , l'on pourra mieux juger de sa foi, de son amour, de sa science en Dieu; nous en donnons le texte , sans y rien ajouter ni rien en retrancher.

aimé, qui ont été, je crois, la cause de cette lutte, longue et peut-être insensée.

Enfin, je sens que je ne dois plus résister, et je mets la main à l'œuvre avec cette confiance que c'est la volonté de Dieu, et qu'il aura la bonté de m'aider de sa sainte grâce, pour que je dise tout ce qu'il voudra, et pas autre chose que ce qu'il voudra. J'écrirai les choses au fur et à mesure qu'elles se présenteront à ma mémoire, sans me mettre en peine de l'ordre dans lequel il conviendrait de les dire. Voici ce qui me vient à l'esprit dans le moment.

1. Dans tous les temps, on a observé que lorsque notre bon père céleste, toujours bon et terrible tout ensemble, a été forcé à répandre sur ses enfants les trésors de sa colère provoquée par les crimes du plus grand nombre, il a fait marcher de pair sa clémence et sa justice ; et que, dans les époques les plus terribles, il a retiré de la masse de perdition quelques-unes des âmes en qui il a mis ses complaisances paternelles, et qui n'ont pas cessé de lui être agréables, lors même qu'il avait des reproches à leur faire. Ce sont ordinairement les âmes fidèles, qui par leurs mortifications et par leurs prières fléchissent sa colère et satisfont à sa justice.

2. Il est constant, par l'histoire des temps passés, qu'avant de frapper les grands coups

de sa justice, Dieu a toujours eu la bonté de les faire précéder de ses invitations amoureuses, ou de ses menaces, afin de ramener à lui ses enfants coupables, de les mettre à l'abri du châtiment, et de s'épargner à lui-même la douleur de punir les objets de son amour paternel. Lorsqu'il a pu les gagner par ce moyen, il a déposé promptement son glaive; lorsqu'on a persisté dans la révolte, il a frappé, mais ce n'est qu'après avoir accordé encore le temps et la grâce du repentir, et il a prouvé ainsi qu'il est plus prompt à pardonner et plus tardif à punir.

3. Comme Dieu est plein de miséricorde et de longanimité, il attend très-longtemps avant que de frapper; il reste quelquefois un demi-siècle et au-delà; souvent les hommes profitent de ce délai pour accumuler les prévarications, mais aussi, lorsque la patience de Dieu est poussée à bout, et que la justice à pris la place de la miséricorde, les châtiments durent bien des années, ordinairement la durée d'une génération.

4. Dieu ne frappe pas à la fois tous les coupables, mais il porte son glaive d'un lieu à un autre, afin que l'exemple des premiers serve de leçon aux autres. C'est un grand trait de miséricorde, malheur à ceux qui n'en profitent pas!

5. Tout ce qui est dans la nature est le fruit de la bonté de Dieu pour les hommes. Tout peut aussi être pour lui un moyen d'exercer sa justice sur eux. Mais lorsqu'il s'agit de faire aux hommes de grands biens ou de grands maux, il se sert quelquefois, mais rarement, du ministère des anges, quelquefois aussi du ministère des démons. Le plus souvent c'est par la main des hommes qu'il frappe les grands coups de sa justice, comme c'est par le moyen des hommes qu'il répand les plus grands biens.

6. Comme Dieu a la bonté d'avertir avant que de frapper, de même pendant qu'il exerce sa justice, il ouvre de temps en temps les entrailles de sa miséricorde, et il en laisse échapper quelques traits lumineux qui sont comme l'aurore du beau jour auquel il a résolu de donner sa paix aux hommes. Il ne la donne pas tout-à-coup ; quelquefois il la montre et puis il la retire ; il fait cela pour préparer les cœurs à la recevoir. Heureux ceux qui ne reçoivent pas cette grâce en vain...

7. Les coups dont Dieu frappe les hommes ne produisent pas sur tous les mêmes effets ; ils sont un principe de mort pour les uns, et un principe de vie pour les autres. Il y a des méchants que le châtiment irrite, sans les convertir ; mais il y en a d'autres qui s'humilient sous la main toute puissante qui les frappe, et

qui la baisent par reconnaissance et par repentir. La foudre du ciel aveugle ceux qui aiment les ténèbres, en même temps qu'elle éclaire ceux qui désirent de voir la vérité.

8. Depuis environ trois ans, j'observe ce qui se passe dans le monde avec plus d'attention que je ne faisais avant, et je vois, non sans un grand déchirement de cœur, que partout les crimes abondent aussi bien que les malheurs. Si l'on rapportait à la suite l'un de l'autre tous les crimes qui ont été commis depuis l'an mil huit cent dix-huit, ce tableau ferait frémir d'horreur. On y verrait des traits si atroces, qu'on ne saurait dire si ce sont des hommes qui les ont faits, ou des monstres échappés de l'enfer. L'histoire des événements désastreux qui, depuis cette époque, ont eu lieu dans différentes parties du monde, est d'autant plus effrayante, que les événements sont plus extraordinaires. Je ne sais pas si les siècles passés en ont vu de pareils ; mais je crois sans aucun doute qu'ils ont été opérés par la main de Dieu, vengeur des crimes ; les crimes et les malheurs ne finiront pas encore.

9. Je compare quelquefois l'état de nos contrées avec celui des pays éloignés ; il me paraît qu'il y a une différence bien sensible dans les dispositions de la divine Providence par rapport à eux et à nous. Depuis plusieurs années,

Dieu afflige successivement les pays par des fléaux naturels assez fréquents ; et cependant il répand ici ses bénédictions avec une profusion admirable. Est-ce que les habitants de nos contrées font plus que les autres , pour attirer sur eux les affections du cœur paternel de Dieu? Je me garderai bien d'établir aucun point de comparaison ; il ne m'est permis de parler que de ce que je vois. Or , je vois ici que l'esprit de religion s'affaiblit de jour en jour , et qu'on viole la loi de Dieu sans remords. Notre conduite devrait donc attirer sur nous les malédictions du ciel plutôt que ses bénédictions. Il y a donc une préférence en notre faveur. Cela est vrai , j'en connais la cause , Dieu la fera connaître quand bon lui semblera ; je me contenterai de dire que le temps de la miséricorde passera , et que celui de la justice viendra. Malheur à ceux qui se trouveront sous la nue ; ils ne pourront point se plaindre de n'avoir pas été avertis ; je l'ai fait si souvent et de tant de manières , et je ne suis pas le seul; je le ferai encore , si Dieu me le permet.

10. La guerre que les impies et les libertins font à Dieu ouvertement depuis le dix-huitième siècle , et dont les préparatifs se faisaient déjà secrètement depuis un autre siècle, ne finira que lorsque la justice de Dieu les mettra dans l'impossibilité de la soutenir. Je pen-

se que le temps n'est pas très-éloigné ; je ne doute pas que les grands maux qui affligent l'humanité ne soient des actes de la justice que Dieu exerce , soit par la main même de ses ennemis , soit par d'autres moyens pris dans cet ordre naturel dont il est l'auteur et le régulateur , et que cependant ses ennemis affectent de préconiser comme cause efficiente de tous les événements , lorsqu'ils ne peuvent pas trouver des prétextes pour les attribuer au hasard. Parmi les victimes , il y en a sans doute beaucoup qui offrent à Dieu un sang pur , et qui l'offrent généreusement ; ces sacrifices satisfairont à la justice de Dieu ; j'ai cette confiance.

11. Il y a eu dans tous les temps quelques-uns de ces hommes qui usurpent le nom de philosophes , et qui ne sont rien moins que cela ; aujourd'hui la terre en fourmille. Ils ne devraient pas tous porter le même nom, parce qu'ils n'ont pas tous la même doctrine. Je ne sais pas pourquoi chacun d'eux ne prend pas le titre qui lui convient d'après son opinion ; (c'est le mot à la mode, il n'est pas très-exact, mais il faut le passer, puisqu'il est en usage.) Pourquoi, par exemple, celui qui ne croit pas à l'existence de Dieu , ne se dit-il pas athée ? Pourquoi celui qui croyant en lui refuse de lui rendre ce qu'il lui doit , ne se dit-il pas impie?

Pourquoi celui qui ne le reconnaît que comme auteur de la nature, ou Être Suprême (autre expression à la mode), ne se dit-il pas incrédule ? Et le libertin qui croit tout et qui vit pourtant comme s'il ne croyait rien, parce qu'il préfère la volupté à Dieu, quel titre prendra-t-il ? Il voudra, comme les autres, se parer du titre de philosophe. C'est le *pallium* dont veulent être revêtus tous ceux qui ont besoin de cacher des vices ou des crimes. C'est sans doute des hommes de ce genre qu'un ancien philosophe disait : « *Video pallium et barbam, philosophum non video.* » (Aulus-Gellinus. *Noctes Atticæ.*)

Quant à moi je ne reconnais pour philosophe que celui qui remplit fidèlement ses devoirs envers Dieu, envers ses frères et envers lui-même, ou en deux mots : le chrétien fidèle.

12. Qui pourrait nous dire tout le mal que les méchants, sous le masque de la philosophie et de la philanthropie, ont fait et font encore à Dieu et aux hommes ? Avec quelle adresse et quelle audace ne saisissent-ils pas toutes les occasions de flatter et de stimuler les passions, pour mettre le mensonge à la place de la vérité ? Combien de systèmes également absurdes et impies n'a-t-on pas imaginés depuis quelques années ? Avec quel soin ne cherche-t-on pas à se revêtir de l'appareil le plus séduisant,

pour assurer leur triomphe sur la vérité ? Je ne pense ni à les signaler, ni à les réfuter; je n'ai pas la présomption de les connaître tous ; je me crois encore moins capable de les renverser; la vérité prévaudra toute seule par ses propres forces, lorsque le temps marqué dans les décrets de Dieu sera venu.

13. Ce temps est-il encore fort éloigné ?.... S'il faut en juger d'après la conduite actuelle des hommes, les apparences ne sont pas favorables; leur conduite n'est pas propre à attirer sur eux la miséricorde de Dieu, bien au contraire. Mais je suis toujours disposé à croire contre toute apparence, et à espérer contre toute espérance. C'est pourquoi je crois que Dieu fera triompher sa miséricorde, lorsque les hommes en seront moins dignes, et j'espère que son jour viendra, non pas aussi prochainement que je le désire, mais moins tard qu'il n'y a lieu de le craindre. N'avons-nous pas ressenti les effets de la miséricorde divine dans des moments où nous n'avions pas lieu de l'espérer ?

14. Je compte pour un grand trait de la miséricorde de Dieu que nous n'avons pas certainement méritée, la pacification des pays qui avaient reçu les premiers coups de sa justice ; cette œuvre est le fruit de l'amour de Dieu pour son Église, dont ces pays sont des

portions précieuses. D'autres pays, qui appartiennent à l'Église de Dieu, souffrent actuellement de grands maux; ils ont de grands reproches à se faire; ils prêtèrent autrefois la main aux impies et aux libertins pour renverser un des plus grands appuis de l'Église.

Enhardis par les succès qu'ils eurent alors, les méchants sont devenus de jour en jour plus audacieux, parce qu'ils n'avaient plus à craindre la même résistance de la part des hommes qu'ils croyaient avoir détruits ; ils en sont venus au point de vouloir détruire tout ce qui est de Dieu et de mettre à la place l'œuvre de l'homme. Ils ne manquent pas de s'en faire gloire : on les entend tous les jours parler avec orgueil de leurs institutions libérales.

15. L'Espagne et le Portugal sont les deux pays où on a mis plus d'acharnement à la destruction des Jésuites. On y fait bien aujourd'hui la pénitence de cette grande faute-là, comme partout ailleurs. Cette œuvre d'iniquité fut préparée par les impies. Ceux-ci se servirent, pour l'exécution, d'une classe de gens qui n'avaient pas les mêmes intentions que ceux qui les mettaient en jeu ; ils étaient pourtant très-coupables, parce qu'ils agissaient par passion : ils croyaient trouver leur intérêt dans la suppression d'une société dont

les héroïques vertus, les sublimes talents et le nom même éclipsaient tous les autres corps religieux. La destruction des Jésuites fut le signal de la guerre des impies et des libertins contre l'Église ; leur rétablissement est l'avant= coureur de la paix ; on fera des efforts pour s'opposer à leur retour, ils seront inutiles ; la société de Jésus triomphera ; la secte des soi-disant philosophes sera vaincue ; mais il en coûtera cher à ceux que la jalousie avait armés, pour favoriser l'exécution d'un plan dans lequel ils étaient déjà à cette époque compris comme victimes.

16. Je compte pour un grand acte de la miséricorde divine, et pour un grand motif d'espérance quelques merveilles auxquelles les gens de bien ne font pas assez d'attention. Il est vrai qu'elles ne sont pas encore toutes parvenues à ce degré de publicité et d'authenticité qui leur est nécessaire pour fixer l'opinion (j'aimerais mieux dire *la foi*, mais.....) On ne les croit pas par prudence, et on blâme par sagesse les bonnes gens qui les croient par simplicité. Cependant je crois m'être aperçu que les ennemis de la religion les craignent, et le mépris qu'ils affectent d'en faire me donne lieu de croire qu'ils sont persuadés de leur existence. Si ces merveilles se multiplient, si elles sont connues de telle manière qu'on ne puisse

plus les cacher, ni les nier, ils auront de la peine à résister à la force des preuves de fait; ils savent bien que les miracles sont une démonstration devant laquelle tous les raisonnements contraires tombent. Si ces messieurs pouvaient s'en procurer quelques-uns en faveur de leurs systèmes, ils les proclameraient si haut qu'ils feraient tomber le monde par le bruit de leurs mensonges; mais comme ils sont très-persuadés que les miracles ne peuvent être opérés que par une puissance qu'ils affectent de méconnaître, et qui par conséquent ne fera rien en leur faveur, ils ont pris le parti de nier les faits, sans entrer dans une discussion où ils savent qu'ils n'ont rien à gagner.

17. Depuis longtemps on dresse de nombreuses et fortes batteries pour renverser toutes les inventions du *fanatisme* du temps passé, et pour prévenir celles qui pourraient être présentées encore à la *crédulité des hommes simples*. Il semble que, pour laisser aux sages et aux savants du dix-huitième siècle le loisir de se bien renforcer dans leurs retranchements et de préparer des moyens de défense aux *voyants* du dix-neuvième siècle, Dieu a eu la complaisance de laisser passer un grand nombre d'années, sans manifester sa puissance par des miracles éclatants. Il en est résulté que les gens qui aiment à voir avant que de se

résoudre à croire ont négligé d'exercer leur foi ;
il y en a qui l'ont laissée affaiblir ; tandis que
ceux qui voient plus clair que les bonnes gens
du temps passé ont pu faire luire à leurs yeux
le flambeau philosophique, et à la faveur de
cette lumière, on a vu que les extases, les
ravissements, les prédictions, le discernement des cœurs, etc., sont des spasmes nerveux, des erreurs de l'imagination exaltée, des
hallucinations des sens affaiblis, et même les
effets d'une sympathie ou d'affections entre les
auteurs de ces *scènes scandaleuses*. Heureuse-
ment pour l'humanité, la sagacité de nos sages modernes, en éclairant les simples, a dé-
concerté les *imposteurs, et même le Dieu qui
leur prêtait sa puissance*. Voilà pourquoi depuis longtemps on ne voit pas ces miracles
comme autrefois.

18. J'ai observé que des écrivains modernes
qui ont fait des recueils de Vies de Saints ont
omis dans leurs ouvrages beaucoup de traits
miraculeux qui sont consignés dans les écrits
anciens, et même dans la légende que l'Église
a insérée dans l'office de ces saints. Je ne
connais pas les motifs qui les ont déterminés
à ces omissions ; mais s'ils l'avaient fait sous
prétexte que ces faits sont si peu importants,
qu'on ne doit pas croire que Dieu ait voulu
exercer sa puissance pour si peu de chose, ou

bien que ce n'est pas la peine d'occuper les lecteurs de ces petitesses ; s'ils avaient omis ces faits sous prétexte qu'ils n'avaient pas été assez soigneusement épurés dans le creuset d'une sage critique , et qu'à l'époque où ils ont été mis dans le bréviaire , la cour de Rome se ressentait , dans ses opérations , de la *bonhomie* (pour ne pas dire de l'ignorance) de ces temps-là , ces auteurs ne seraient-ils pas répréhensibles ? J'aime à leur supposer de bons motifs ; mais j'entends si souvent des personnes instruites , pieuses, même ecclésiastiques, faire ces observations et autres du même genre, que je crains que les écrivains dont je parle ne les aient faites aussi , et , dans ce cas , je pense qu'ils ont tort. Peut-être qu'ils ont voulu seulement soustraire ces faits à la censure des malintentionnés et leur épargner le tort de les censurer. Je n'approuve pas leur condescendance.

Cette omission a beaucoup d'inconvénients graves selon moi ; je n'en signalerai que trois. Le premier est que les personnes simples n'entendent pas aussi souvent, et peut-être plus, le récit de ces actes miraculeux d'un genre qui est à leur portée , et sont par conséquent privées de ce moyen d'édification et d'élévation vers celui qui en est l'auteur. Le second est que les gens astucieux en tirent occasion de leur dire qu'on ne parle plus de ces fables, parce qu'on en a reconnu l'absurdité, et qu'on voit qu'elles ne font pas fortune chez les hommes raisonnables.

Un troisième inconvénient est d'agir en cela contre la volonté de Dieu qui n'a pas fait connaître ces choses à une génération pour les cacher à une autre, puisqu'il veut qu'on prêche sur le toit des maisons ce qu'on a vu ou entendu dans leur intérieur. N'est-ce pas s'exposer à lui déplaire que de chercher à faire oublier ce qui a été déjà annoncé avec tant de publicité ? Je sais qu'il faut une sage réserve, et je le sais de bonne part ; mais je sais aussi, et je le sais de bonne part, qu'on met souvent le respect humain à la place de la prudence, et que, sous prétexte d'éviter les inconvénients d'une crédulité trop facile, on porte des coups mortels à la foi.

19. On est tellement accoutumé à faire peu de cas des choses qui intéressent la religion, qu'on ne fait pas difficulté de qualifier de *rêveries* tout ce qui a quelque teinte de surnaturel. Cette qualification ne m'étonnerait pas dans la bouche des ennemis de la religion ; mais elle me choque durement, lorsqu'elle est proférée par des personnes qui marchent dans les voies de la piété, et plus encore lorsqu'il sagit de personnes qui par état doivent défendre la religion.

Je ne trouve rien de plus fâcheux que d'entendre des gens de bien adopter avec tant de facilité le langage des méchants, quoiqu'ils n'en aient pas les principes. C'est ainsi qu'on qualifie quelques œuvres imprimées récemment et quelques faits qui se passent en ces jours, et cela parce qu'ils portent l'empreinte du doigt de Dieu. Les méchants disent que ce sont des rêveries, et les bons le répètent.

20. Il est certain que Dieu n'a mis tant de beautés et de richesses dans la nature que pour stimuler dans l'homme le désir de le connaître. Il est certain encore que rien n'est plus propre à élever l'homme vers son Dieu que la connaissance des beautés et des richesses de la nature. Les sciences naturelles sont comme autant de degrés par lesquels on s'élève à la contemplation de Dieu et l'on parvient à la connaissance de ses perfections infinies. Comment arrive-t-il donc que ce soit parmi les amateurs de ces sciences qu'on trouve le plus d'impies ou d'athées ?

Cette question est résolue par la solution de celle-ci : Comment arriva-t-il autrefois que, parmi les anges qui voyaient Dieu de si près et qui le connaissaient si parfaitement, il s'en trouva un si grand nombre qui se soulevèrent contre lui ?..... C'est l'orgueil qui aveugla les anges, et qui les porta à la révolte contre Dieu;

c'est encore l'orgueil qui aveugle les hommes et qui les porte à l'infidélité.

C'est par orgueil que, pour priver Dieu de la gloire de les avoir créées, le naturaliste attribue à la combinaison des éléments les beautés qu'il admire ; c'est par orgueil que l'astronome veut que, pour l'exécution de ses volontés, Dieu suive le cours des astres ; c'est par orgueil que le géomètre veut circonscrire la puissance divine par des lignes droites ou circulaires ; c'est par orgueil que le mathématicien veut soumettre la sagesse divine à ses talents algébriques; c'est par orgueil que le médecin veut que Dieu soit soumis à ses aphorismes impies ; c'est enfin par orgueil que l'insensé dit dans son cœur qu'il n'y a point de Dieu.

21. De toutes les sciences naturelles, celle qui est la plus intéressante pour l'homme, est sans contredit la médecine. L'orgueil philosophique en a fait un abîme ténébreux dans lequel tous les ennemis de Dieu trouvent des motifs pour lui faire la guerre et des armes pour le combattre. Le libertin, l'incrédule, le déiste, l'athée, le matérialiste, trouvent dans la médecine des arguments contre toutes les vérités qu'ils refusent de croire. On observera que les systèmes des médecins sont bien plus artificieux que ceux qui sont basés sur d'autres sciences naturelles. La connaissance, l'organi-

sation des corps dont les parties si multipliées agissent avec tant d'accord , les sert avantageusement. Connaissant mieux que personne les fonctions de chacun de ces organes, ils sont plus adroits pour mettre de côté l'être spirituel qui les dirige , et pour attribuer à eux seuls les fonctions dont ils ne sont pourtant que les instruments.

La médecine a , comme les autres sciences naturelles , un langage qui lui est propre , et qui s'enrichit tous les jours. Les auteurs modernes se font une gloire de produire dans leurs écrits et dans leurs discours des mots nouveaux qu'ils empruntent à des langues mortes , ou qu'ils créent d'après des étymologies que leur raison a conçues. Ce langage fournit encore de grandes ressources aux médecins philosophes pour revêtir leurs systèmes de tout l'appareil nécessaire pour éblouir. Malheur à ceux qui ne se méfient pas de l'artifice !

Pour soutenir leurs systèmes anti-religieux, les médecins tirent leurs grands moyens de ce qu'ils appellent l'expérience qui se compose d'une multitude de faits. Si toutes les personnes qui ont du bon sens et de la bonne foi prenaient la peine d'examiner les systèmes à l'appui desquels ils sont rapportés , il ne s'en trouverait peut-être pas une seule qui, jugeant de la vérité des faits par la moralité des systèmes et de leurs auteurs, ne reconnût l'astuce de ces prétendus sages, qui ont su omettre toutes les circonstances qui prouveraient contre eux, et en substituer d'autres qui leur seraient favorables si elles étaient vraies. Ils vont quelquefois jusqu'au point de ne pas dire un mot de vrai dans le récit de quelques faits ; et ils ont grand soin de ne jamais faire mention de certains autres qui détruisent de fond en comble leurs systèmes. J'ai la preuve certaine de ce que j'avance.

Malheureusement les ouvrages qui contiennent les faussetés de principes et de faits trouvent des gens très-disposés à se laisser tromper, et qui aiment à parler le langage des savants, afin qu'on croie qu'ils le sont. Il y a aussi des gens qui, sans avoir de mauvaises intentions, saisissent ces faits, et les répètent sans prendre la peine d'examiner s'ils sont vrais ou faux en tout ou en partie. On serait moins indulgent s'ils portaient quelque empreinte de sainteté, ou s'ils étaient rapportés à l'appui de quelque vérité de la foi. Mais il faut les croire sans difficulté, parce qu'ils prouvent *à pari* que d'autres faits, que des hommes *stupides ou fanatiques* ont pris pour des miracles, n'ont pourtant rien que de naturel; ainsi le disent les sages de nos jours qui voient plus clair que nos ancêtres.

22. Comme les maladies nerveuses sont

celles qui présentent les phénomènes les plus variés et les plus extraordinaires, c'est aussi dans cette classe que les médecins philosophes puisent leurs plus grandes ressources pour baser leurs théories expérimentales.

Je suis médecin des âmes par la miséricorde de Dieu, et depuis plus de trente ans j'exerce aussi la médecine naturelle, par le secours de la grâce de Dieu et sous les auspices de la Sainte Vierge, et moyennant leur assistance, je l'ai exercée avec succès. Je ne prétends pas m'en glorifier; Dieu me préserve d'usurper une gloire qui n'appartient qu'à lui seul. Pendant ce laps de temps, j'ai été à même de voir beaucoup de personnes atteintes d'attaques nerveuses plus ou moins violentes, et de faire des observations sur ces sortes de maladies; elles pourront être de quelque utilité; mais elles ne seront certainement pas au gré des médecins modernes, parce qu'elles ne sont pas selon leurs systèmes. Je ne dirai pas à la faveur de quelle lumière j'ai vu ce que je vais dire; chacun en pensera ce qu'il voudra.

Je dirai seulement que j'ai vu des attaques de nerfs périodiques ou accidentelles, causées par la colère, par la sensibilité, par la frayeur, ou par toute autre affection mentale. J'ai observé qu'il y avait toujours dans les convulsions des membres, aussi bien que dans les expressions et dans le son de la voix, des signes évidents de la passion qui affectait l'âme et qui stimulait le système nerveux.

J'ai vu des attaques de nerfs qui étaient l'effet des humeurs; chez quelques-uns elles étaient périodiques; chez d'autres elles étaient l'effet d'une métastase accidentelle. Dans cette espèce, tous les accidents annonçaient la souffrance; s'il y avait délire, tout ce que faisait ou disait le malade était relatif à ses habitudes.

J'ai vu des attaques de nerfs qui n'offraient aucun phénomène d'après lequel on put signaler la cause qui irritait le système nerveux, et les convulsions étaient telles qu'il était impossible de se persuader qu'elles fussent l'effet d'une cause inhérente au sujet malade; j'ose dire qu'il était évident que cette cause était étrangère.

J'ai vu des attaques de nerfs simulées dont les phénomènes factices étaient composés avec tant d'adresse, que non-seulement les personnes étrangères à l'art de guérir qui en étaient les témoins, mais encore des chirurgiens et des médecins habiles, n'ont jamais reconnu l'artifice. J'ai été moi-même dupe, comme les autres, pendant quelque temps. Je ne dois pas dire ici par quels moyens Dieu a eu la bonté de me faire connaître la fourberie.

J'ai observé que les attaques de chaque individu que j'ai vu atteint de cette maladie différaient de celles des autres. Il ne me souvient pas d'avoir vu deux personnes entre lesquelles on pût établir une ressemblance, excepté celles qui simulaient d'avoir des convulsions, parce qu'elles agissaient d'après des modèles qu'elles avaient étudiés avec soin, et qu'elles imitaient assez bien en tout ce qui n'était pas au-dessus des forces de la nature.

L'étonnante variété que j'ai observée non-seulement dans des sujets différents comparés l'un à l'autre, mais encore dans le même, a singulièrement captivé mon attention, et m'a mis souvent dans un état extrêmement pénible. J'ai senti quelquefois ma raison humiliée de ses ténèbres succomber dans son impuissance; et j'aurais comme tant d'autres donné dans des écarts les plus pitoyables, si je n'avais tourné mes regards vers une autre lumière qui m'a montré la vérité. Je vais la dire sans détour.

La vérité est que le plus grand nombre des attaques convulsives, dont la divine Providence a voulu que je fusse témoin non pas seulement comme un spectateur oiseux, mais bien comme observateur utile et comme médedecin, vient de maladies purement naturelles, dont la cause était dans les humeurs ou dans les affections de l'âme, séparément ou conjointement.

La vérité est que quelques attaques dont j'ai été le témoin étaient l'effet d'une cause naturelle avec le concours d'une autre qui ne l'était point, et que quelques autres dont j'ai été aussi témoin étaient l'effet d'une cause nullement naturelle, et sans le concours d'une cause naturelle. Ces deux sortes de convulsions étaient l'œuvre du démon.

La vérité est que j'ai vu successivement dans le même sujet des convulsions causées par des affections mentales, d'autres opérées de la main du démon, et d'autres enfin dirigées par la volonté toute puissante de Dieu ; quelquefois par le moyen de causes secondes, quelquefois aussi sans ce moyen.

La vérité est que, dans les convulsions simulées que j'ai vues, le démon exerçait son influence sur les facultés de l'âme, et que le jeu des membres était simplement des tours d'adresse. J'ai vu, à l'évidence, comment le monstre abominable, ennemi de Dieu et de l'homme, exerçait son empire brutal sur les âmes et sur les corps, même sans convulsions, sans délire, sans aucune espèce d'altération dans le physique, ni dans le moral, conduisant pourtant les corps à leur destruction, par les choses qu'il leur faisait faire, sous prétexte de bien. Dans quelques circonstances, je me suis trouvé très-proche de cet être exécrable ; je ne l'ai pas vu , mais j'ai senti son odeur infernale ; il a cherché à me nuire, il a eu même l'audace de me frapper.

En dernière analyse , la vérité est que Dieu a eu la bonté de me faire voir de très-près , dans bien des cas et en beaucoup de manières différentes , son œuvre et celle du démon , le travail de la nature et celui de l'homme ; il m'a mis à même de bien connaître, et j'ai bien connu la différence qu'il y a entre les élévations d'une âme environnée de la lumière céleste , et les désordres d'une raison altérée ; entre les considérations d'un entendement vivement éclairé de la foi et les écarts d'une imagination exaltée ; entre les vraies sensations et les hallucinations des sens ; entre les mouvements d'un cœur enflammé de l'amour divin et les spasmes d'un poumon oppressé par les humeurs ou par les affections ; entre les délices pures du saint amour sensible et les voluptés de la chair rebelle ; entre les douces inclinations d'un cœur innocent attiré par la grâce et les prétendues sympathies du tempérament ou du caractère ; entre l'état d'une âme ravie hors des sens par l'objet de son amour et celui d'une âme égarée par l'objet de sa passion ; en un mot, j'ai vu le vrai et le faux , et, par la grâce de Dieu , j'ai su distinguer l'un et l'autre,

Il n'y a pas de doute que mes assertions inspireraient plus d'intérêt, si elles étaient appuyées d'un récit des faits qui se sont passés sous mes yeux. Il paraît même qu'on serait en droit de l'exiger avant de se déterminer à me croire sur ma parole. Comme il ne m'est pas permis de le faire, au moins dans le moment présent, je laisse à chacun la liberté de me croire ou de ne pas me croire ; dans tous les cas, je dirai dans la sincérité de mon cœur : *Gloria soli Deo in sœcula sœculorum. Amen.*

23. J'avais écrit, depuis quelques jours, les paragraphes 21 et 22, contenant quelques réflexions sur la médecine, lorsque j'ai lu dans un journal, du 28 janvier 1822, un article dont l'auteur pourrait bien mériter tous les reproches que j'ai faits aux narrateurs infidèles des faits que les médecins philosophes citent à l'appui de leurs systèmes anti-religieux.

On observera que je n'ai rapporté aucun fait parce que je n'ai voulu entrer dans aucune discussion ; je me suis contenté d'appeler sur eux l'attention des personnes douées de bon sens et de bonne foi ; mais puisque la Providence me fournit le moyen de prouver, par un seul fait, la vérité de mes réflexions, je vais les transcrire ici, laissant à mes lecteurs le soin d'examiner si la narration exprime, ou non, toutes les circonstances nécessaires à son in-

tégrité. Si les réflexions de l'historien sont, ou
ne sont pas , selon la saine raison ; si les con-
séquences sont déduites d'après la bonne critique ; s'il y a , ou non, abus des mots, contradiction , en les prenant dans leur sens naturel ; en un mot , s'il y a de la bonne ou de
la mauvaise foi dans le rédacteur de cet article ; le voici :

« Il n'est bruit, depuis quelques jours, que
» d'une cure miraculeuse, opérée sur une da-
» me de Metz, par le prince de Hohenlohe. Cette
» dame , atteinte depuis longtemps de plu-
» sieurs infirmités , contre lesquelles toutes
» les ressources de la médecine avaient échoué,
» prit le parti d'écrire au prince. Celui-ci lui
» répondit que , le 20 janvier , à six heures
» du matin , il dirait une messe à son inten-
» tion ; il l'invita à en faire dire une de son
» côté , le même jour , et à la même heure,
» et à y assister. La malade suivit cette ins-
» truction , et à peine la messe était-elle ter-
» minée , qu'elle se trouva entièrement guérie.

» Ce fait , tout invraisemblable qu'il puisse
» paraître , n'en est pas moins certain. Cha-
» cun l'explique à sa manière ; mais si une
» imagination vivement frappée a la force de
» produire spontanément des maladies ou
» même la mort chez les hommes qui s'en
» croient menacés (et il n'est personne qui

» ne puisse en citer des exemples), la même
» cause ne peut-elle pas agir en sens contrai-
» re ? Et est-il par conséquent nécessaire de
» recourir à une intervention surnaturelle pour
» découvrir le mystère de la cure que nous
» venons de rapporter ? »

Est-il permis de s'exprimer ainsi quand on
parle d'un fait miraculeux, c'est-à-dire d'un fait
de la plus grande importance ?

24. Un mois s'est écoulé depuis que j'ai écrit
l'article précédent ; et je trouve dans le journal ecclésiastique de Toulouse , à la date du 9
mars , l'article suivant , qui prouve que je ne
me suis pas trompé, quand j'ai douté de la véracité du rédacteur qui nous a raconté le fait
dont il s'agit ici. Voici l'article :

« Le rédacteur du journal de la Moselle
avait parlé avec légèreté d'une cure merveilleuse obtenue par les prières du prince de Hohenlohe. Madame Marion, sur laquelle la guérison a été opérée, lui a écrit une lettre où cette
guérison est racontée de la manière suivante :

» Le prince était à Bamberg ; Madame Marion lui écrivit pour réclamer ses prières et son
secours. « Je reçus , dit-elle dans sa lettre ,
sa réponse datée de Bamberg , le 22 décembre ; il fixait ses prières au 20 janvier , à
huit heures du matin , m'exhortant à y unir
les miennes ; ce jour , à huit heures , je re-

çus la sainte Communion dans mon lit , et je restai recueillie jusqu'à neuf heures. A cette heure même , ma voix , éteinte depuis vingt-un mois , revint dans son état naturel , et toutes les douleurs affreuses que je supportais depuis si longtemps disparurent de suite , et à midi , je me rendis à l'église de Notre-Dame , pour rendre grâces au Tout-Puissant de mon rétablissement. Depuis ce moment , je n'ai plus éprouvé aucun ressentiment de mes douleurs , et à l'extérieur il n'en existe plus aucun symptôme , comme il a été constaté par mon médecin ; mes forces reviennent chaque jour. »

25. Dans la soirée du onze avril , à neuf heures environ , plusieurs de mes paroissiens observèrent un météore dont je vais donner une notice , d'après ce que m'en ont rapporté les deux personnes qui l'ont vu de plus près, et qui sont celles que j'ai pu interroger avec plus de confiance. Je n'en ai pas parlé aux autres , dans la crainte d'exalter les têtes.

François Mourgues m'a dit : « J'étais sur le bord de la rivière , du côté de Raissac , et vis-à-vis le trou de la Beaume ; au moment où j'allais jeter mon filet , je fus ébloui par une grande lumière qui se répandit sur l'eau ; je levai promptement la tête vers le ciel , et je vis un grand feu qui descendait obliquement vers la terre , laissant après lui une trace de lumière comme une queue de comète fort longue. Comme il se dirigeait derrière moi, je me retournai pour le voir mieux, mais de grands arbres m'empêchèrent de voir où il alla, et je ne sais pas s'il tomba sur la terre, ou s'il s'éteignit en l'air. D'abord je ne fus pas effrayé , parce que dans d'autres circonstances j'avais vu des feux dans les airs ; mais comme celui-ci était bien différent des autres , je fis quelques réflexions , et je me sentis saisi, non par la peur, mais par je ne sais quel autre senti-ment , qui fit que je m'en allai bientôt chez moi. Joseph Laus était aussi sur le rivage , à peu de distance au-dessous du moulin de Car-relet; il regardait le ciel dans le moment que le feu parut, il le suivit des yeux jusqu'à ce qu'il s'éteignît , et cela , dit-il , fut bientôt fait. Il ajoute : Ce feu n'a pas fait sa course d'un seul trait, non ; mais en partant du point où il a paru , il a parcouru un grand espace et il s'est arrêté ; il s'est lancé encore, et s'est arrêté plus loin ; il s'est lancé encore une troi-sième fois, et après le troisième élan , il a disparu. Je ne saurais pas dire s'il est parti du ciel, mais il devait en être bien près ; je sais bien que lorsqu'il s'est éteint , il était encore bien élevé au-dessus de la terre ; du reste, il ne descendait pas d'plomb, il descendait obliquement vers le levant ; patois , *én galis bérs lou grec.* »

D'après les différents termes de comparaison dont on s'est servi pour me faire connaître le volume du feu , j'ai dû juger qu'il avait environ deux pieds de diamètre ; il ressemblait , disent quelques-uns, à une grande bouteille , dont le cul aurait plus de deux pans , et dont le gouleau représenterait la queue lumineuse , mais beaucoup plus longue.

Joseph Laus a observé que la queue ne répandait pas seulement de la lumière, mais bien encore des étincelles de feu ; on n'entendit aucune détonation , ni sifflement dans l'air.

On voit assez souvent dans l'atmosphère des feux de ce genre , surtout pendant l'été ; cet événement paraît donc n'avoir rien qui ne soit dans l'ordre naturel : on sera donc surpris que j'aie pris la peine de chercher avec tant de soin à en connaître toutes les circonstances, et d'en transmettre la notice. Voici mes motifs.

Ce phénomène ressemble si bien à un autre qui parut à......, pendant le mois de......, que je crois qu'il pourrait bien, comme le premier , être une menace de la justice divine. Quant au premier , j'en ai la certitude ; pour le second , je n'ai d'autre preuve que la ressemblance des accidents et mon sens intime. Ce qu'il y a de bien certain, c'est que rien n'arrive , même dans l'ordre naturel , sans être dirigé par la divine Providence, et qu'elle peut fort bien se servir des accidents naturels pour frapper les sens de ses enfants et leur inspirer la crainte de sa justice qu'ils provoquent malheureusement avec trop de témérité dans le temps présent. Le monde en pensera ce qu'il voudra, mais moi je crois très-fermement que les événements extraordinaires et les phénomènes , quelques rapports qu'ils aient ou qu'ils paraissent avoir avec les lois communes de la nature , sont des actes ou des menaces de la justice divine, lorsqu'ils portent l'empreinte du malheur ou de la terreur , comme les événements heureux sont des actes ou des signes de sa miséricorde.

26. Depuis longtemps je suis saisi d'une réflexion que j'ai trop négligé d'écrire ; je vais aujourd'hui décharger mon esprit : j'ai partagé quelquefois les alarmes qu'éprouvent les vrais enfants de l'Église de France , en voyant les pertes qu'elle fait tous les jours dans la personne de ses ministres que la mort lui enlève , et qu'elle remplace à peine à la proportion d'un pour dix. Mais depuis longtemps cette considération ne fait plus sur moi la même impression, je me sens , au contraire , pleinement rassuré par la considération suivante.

Un clergé nombreux, riche, puissant, doué

de grands talents et de grandes vertus , a vu
crouler l'Église de France ; il a fait des efforts
pour la soutenir , ils ont été impuissants ; il a
été lui-même enseveli dans ses ruines. Un
clergé moins nombreux , pauvre, sans crédit,
avec des talents et des vertus plus simples, la
verra se relever , sans avoir besoin de faire
des efforts pour la retirer de dessous ses ruines ; et tous les hommes verront que la main
qui l'a abaissée est la même qui la relève , et
ils diront : *Gloria soli Deo ,* etc.

NOTICE

SUR LA VIE ET LES VERTUS DE

M. JULIEN,

Ancien Curé de Cazouls-lès-Béziers.

PIERRE JULIEN naquit à Saint-Michel-de-Léon, canton de Vabre, département du Tarn, vers l'année 1785. Son père se nommait Pierre Julien et sa mère Élisabeth Alibert. Ses parents, pauvres mais craignant Dieu, imprimèrent, dès son bas âge, dans son âme, par leurs exemples, leur piété, leur instruction, les notions les plus sublimes de notre sainte Religion, et voyant qu'il avançait de plus en plus dans la pratique de toutes les vertus et que Dieu l'appelait au sacerdoce, ils résolûrent, avec le secours d'un de ses oncles, qui était assez riche et n'avait pas d'enfants, de le mettre au petit séminaire de La Faye, près d'Alby, où il commença et termina son latin, y fit sa philosophie et deux années de théologie. De là, il fut envoyé au séminaire de Castres, et bientôt après au grand séminaire de Montpellier pour recevoir les ordres sacrés, à cause qu'il n'y avait pas alors d'évêque dans le département du Tarn. M. Julien étant ordonné prêtre, fut envoyé vicaire à la paroisse de Clermont-Lodève. Là, par son zèle, son ardeur à remplir les devoirs de son état, il fit rentrer dans l'Église beaucoup de personnes qui n'y venaient pas, et fit accomplir les devoirs de chrétien à plusieurs personnes qui les avaient abandonnés. On le regretta beaucoup quand Mgr l'évêque le nomma à la cure de Cazouls-lès-Béziers ; nous l'avons su par les personnes les plus pieuses de Clermont, qui vinrent le visiter dans sa nouvelle cure plusieurs fois. M. Julien fut reçu par tous les habitants de Cazouls avec joie ; son prédécesseur ne pouvait pas bien remplir ses fonctions de curé. Il était avancé en âge, malade de la poitrine depuis longtemps ; n'ayant pas beaucoup de mémoire, il ne montait presque jamais en chaire. Mais quand on vit un jeune curé zélé, prêchant l'évangile avec conviction, de manière à faire dire il ne faut pas aller l'écouter, ou il faut se convertir ; un curé remplissant aussi bien ses fonctions à l'église et auprès des malades, gai et libre avec tout le monde, il n'est pas étonnant qu'il ne fût estimé et aimé de tout le village. Mais plus tard il eut plus à lutter pour accomplir ses devoirs de pasteur à Cazouls qu'à Clermont, où il n'était que vicaire. Il eut premièrement à lutter avec certains prêtres de Béziers qui lui enviaient sa cure , et le regardaient comme un homme étranger à notre diocèse; ensuite avec ses marguilliers , et troisièmement avec un méchant propriétaire, ex-maire du village, qui le poursuivit jusqu'à ce qu'il eût fait consentir Mgr l'évêque de Montpellier à le tirer de Cazouls pour le nommer curé de Saint-Jean-de-Védas. L'homme juste ne doit s'attendre qu'à recueillir des croix dans ce monde ; M. Julien aussi ne recueillit que des croix dans sa cure de Cazouls. D'abord les membres de la fabrique de l'église de Cazouls qu'il y trouva à sa prise de possession de cette paroisse , étaient des Messieurs haut placés qui ne faisaient jamais de délibérations ou bien ne les signaient jamais , disputant toujours de préséance et jaloux les uns des autres ; en conséquence de ce , la fabrique ne retirait rien de la location des bancs ou chaises de l'église , et c'était à M. le curé à faire rentrer le peu d'autres revenus qu'elle pouvait avoir , ces messieurs ne voulant pas s'en charger ; avec si peu de ressources, M. le curé pouvait à peine suffire aux dépenses ordinaires les plus nécessaires de l'église. Depuis la Révolution , on n'avait pas fait de réparation au presbytère , qui servait aussi d'hôtel-de-ville et de logement du précon et de sa

famille ; par conséquent , M. le curé ne pouvait pas fermer la porte d'entrée ni l'escalier
qui leur était commun ; et comme ce qui lui
restait était en ruine, il fut obligé de faire servir sa chambre de salon et de cabinet. Il demanda alors aux autorités civiles de Cazouls
qu'on lui réparât son logement , mais M. le
maire et son conseil ne répondirent pas à sa
réclamation. Il s'adressa à la fabrique, qui ne
voulut pas consentir à la moindre réparation.
M. Julien fut obligé alors d'écrire à Mgr l'é-
vêque de Montpellier pour obtenir la destitution de ses marguilliers , destitution qu'il ob-
tint facilement, mais qui lui suscita des ennemis. Ensuite , en 1815 , M. de Florac , alors
préfet de Montpellier, écrivit à M. Julien pour
qu'il choisît pour maire de Cazouls , ou M.
Jean-Pierre Crestou , ou l'ancien maire dont
nous avons déjà parlé. M. le curé n'hésita pas;
des deux il choisit le plus honnête homme.
Cet ex-maire savait déjà que le choix avait été
donné à M. Julien, et n'étant pas nommé, alors
il jura dans sa rage qu'il le ferait partir de
Cazouls. Que n'a-t-il pas fait pour cela ? Il
était maire avant la rentrée des Bourbons , et
avant qu'il fût remplacé , il avait obtenu du
gouvernement l'autorisation de remplacer le
cimetière qui était à côté de l'église , par un
autre cimetière qui serait construit au nord et

bors du village. Ce cimetière étant construit, il empêcha que l'on fît un chemin viable pour y transporter les morts , et même qu'on agrandît celui qui y conduisait , et qui est tout le long d'une grande excavation où déjà une jeune fille était tombée en suivant un enterrement, et était morte de sa chute. M. Julien se détermina (l'autorité locale ne voulant pas arranger ni même agrandir ce chemin) à ne plus accompagner les morts jusqu'au nouveau cimetière. Alors l'ex-maire et sa sœur se donnèrent beaucoup de mouvement et d'action ; ils allèrent trouver plusieurs prêtres de Béziers , qu'ils visitaient de temps en temps , et qui étaient prévenus eu leur faveur , et noircissant la réputation de M. Julien le mieux qu'ils purent, ils obtinrenl de ces prêtres, par leurs calomnies , qu'ils en écriraient à Mgr l'évêque de Montpellier ; ce qu'ils firent avec plaisir , ne voyant pas sans peine que M. le curé de Cazouls fût le confesseur de M. le curé de Lignan , et crût par conséquent aux miracles de Marie-Ange. Mgr l'évêque nomma M. le curé de Saint-Nazaire commissaire pour vérifier le chemin du cimetière de Cazouls et juger s'il était viable ou non. Ce commissaire , arrivé à Cazouls, fut descendre chez l'ex-maire qu'il connaissait beaucoup ; il s'y reposa et y dîna , et après il fit sa visite à M. Julien , et

ayant visité le chemin du cimetière, il s'en retourna à Béziers. L'ex-maire n'en resta pas là,
il fut trouver les deux anciens marguilliers qui
avaient été destitués par M. le curé, et les fit
aller à Béziers, pour dénoncer M. Julien à M.
le curé de Saint-Aphrodise.

La sœur de l'ex-maire, en me parlant de
M. Julien, me disait : « Ah! si nous pouvions
avoir, un jour, pour supérieure des sœurs
de l'hospice de Cazouls, une sœur comme je
la voudrais, nous ferions bientôt partir M.
Julien de Cazouls. » Quelque temps après,
vint une sœur pour remplacer la supérieure
qui avait son changement; alors la sœur de
l'ex-maire me dit bientôt après : nous avons
la sœur que je désirais, et elle avait bien raison de le dire. Que ne fit-elle pas cette nouvelle supérieure...? D'abord, elle ne voulut
plus M. Julien pour confesseur des sœurs de
l'hospice, et n'y ayant pas d'autres prêtres à
Cazouls, elles étaient obligées d'aller à Béziers.
Ensuite, parce que M. le curé n'avait pas dit
la messe, un jour de communion, aussi matin que les autres jours, (M. Julien ayant
resté au lit ce jour-là à cause d'un rhume),
cette supérieure fut le dénoncer au grand-
vicaire de Mgr, qui écrivit une lettre de reproches à M. le curé, l'obligeant d'aller se soumettre à ma sœur supérieure : ce qu'il fit avec

obéissance. Mais la supérieure, excitée par la sœur de l'ex-maire, n'en resta pas là : elle fut à Montpellier dénoncer M. le curé de Cazouls à Mgr l'évêque , et punit une de ses sœurs, en la mettant en prison dans une des chambres de l'hôpital, parce qu'elle ne partageait pas son aigreur envers M. Julien , son curé. L'ex-maire agit et fit agir aussi auprès des deux principaux propriétaires de Cazouls, pour qu'ils fussent trouver Mgr l'évêque ou lui écrire, pour dénoncer toujours M. Julien ; ces messieurs, ne connaissant pas ce saint prêtre, n'en entendant parler que par l'ex-maire, écrivirent à Mgr ; mais quand M. le curé fut parti de Cazouls, ils s'en repentirent. L'ex-maire, ne pouvant pas gagner les marguilliers qui avaient succédé aux messieurs destitués, s'adressa aux confrères du saint Sacrement. M. le curé avait acheté trois lampes ; l'une qui devait être placée devant le maître-autel, plus grande, et les deux autres, plus petites, devant être placées devant la chapelle du saint Sacrement et la chapelle de la sainte Vierge. Les confrères du saint Sacrement, excités par la sœur de l'ex-maire, achetèrent une lampe plus grande que celle du maître-autel, et rejetant la petite qui faisait la symétrie avec la lampe de la chapelle de la sainte Vierge, ils la placèrent, sans la permission de

M. le curé, au grand mécontentement de presque tous les paroissiens. Ils y mirent un beau fourreau, tellement long, que M. Julien touchait avec sa tête, toutes les fois qu'il allait à la sacristie, étant au-dessus de la porte de la sainte table. M. le curé souffrit tout cela avec sa patience ordinaire, et il aurait eu beau à se plaindre, on ne l'aurait pas écouté, les autorités de Cazouls, de Béziers et de Montpellier étant contre lui. L'ex-maire ne cessait de le poursuivre ; il faisait écrire sans cesse les prêtres de Béziers aux grands-vicaires de Mgr , et surtout à M. Bastet, supérieur du grand séminaire ; ces messieurs, connaissant les plaintes des deux marguilliers et des deux principaux propriétaires de Cazouls, crurent tout bonnement que M. Julien avait plus de la moitié de ses paroissiens contre lui, comme le leur faisaient pressentir ces prêtres de Béziers , et ne manquèrent pas d'en persuader Mgr l'évêque , qui se décida , vers le 15 du mois de mars 1819 , à changer M. le curé de Cazouls à Saint-Jean-de-Védas , et le curé de Saint-Jean-de-Védas à Cazouls. Sa Grandeur écrivit elle-même une lettre à M. Julien, curé de Cazouls, qui ne lui fut remise que vers les huit heures du soir, veille du jour où M. le curé de Saint-Jean-de-Védas arriva avec ses meubles , vers les huit heures du matin , à

Cazouls. (1) Cette lettre que M. Julien me fit lire à moi seul, lorsque je me retirai du presbytère pour aller me coucher, portait : qu'étant son évêque, il était forcé de le retirer de Cazouls, parce qu'il avait perdu la confiance de plus de la moitié de ses paroissiens et surtout des plus riches, et qu'il le plaçait tout près de Montpellier pour l'avoir mieux sous ses yeux. M. Crestou, maire de Cazouls, ne fut averti que nous avions un nouveau curé et que ses meubles allaient arriver à Cazouls, qu'une heure avant leur arrivée. On voulait faire arrêter M. le curé de Saint-Jean-de-Védas à Béziers, en lui disant que M. Julien ne connaissait pas son changement de Cazouls, qu'il lui fallait du temps pour retirer ses meubles du presbytère ; tout cela fut dit en vain, M. le curé de Saint-Jean-de-Védas continua toujours sa route. Arrivé à Cazouls, vers les huit heures du matin, plusieurs personnes le prièrent de ne pas déposer ses meubles jusqu'à ce que M. Julien eût fait retirer les siens ; il n'en fit rien, et les faisant déposer devant le presbytère, il les fit porter en même temps dans les appartements, disant à M. Julien qu'il fallait

---

(1) Cette lettre ayant été adressée à M. Julien, curé de Cazouls-lès-Béziers, *poste restante*, à Béziers, avait resté trois jours dans le bureau des postes de cette ville.

qu'il en fût ainsi. M. Julien, désolé, voyait emporter ses meubles tantôt par l'un, tantôt par l'autre, lui disant qu'ils portaient tel meuble à telle maison du village, tel autre à telle autre; lui ne savait que faire et laissait faire ces personnes, se livrant à la Providence. Quand ses meubles furent tous emportés, il fut loger chez M. Revel, notaire à Cazouls, et, deux jours après, il alla à Lignan trouver son cher ami, M. Chaboud, curé vénérable de cette paroisse. Là, il passa la semaine-sainte. Le vendredi-saint, allant adorer la croix, il y fut en étendant ses bras, de manière à faire impression aux personnes qui y étaient présentes.

Pendant ce temps, nous fîmes une enquête dans le village de Cazouls pour la présenter à Mgr l'évêque de Montpellier, et lui prouver que presque tous les paroissiens étaient pour M. Julien, et que la religion de Sa Grandeur avait été surprise par des calomnies, ainsi que celle des personnes qui les avaient appuyées de leur crédit. Cette enquête fut signée par tous ceux qui savaient signer, et ceux qui ne savaient pas signer nous disaient de signer pour eux; il n'y eut que treize personnes qui ne la signèrent pas. Voici le contenu de cette enquête :

« Monseigneur,

» Nous sommes instruits des dispositions que Votre Grandeur a prises pour nous enlever notre curé. Le contenu de votre lettre prouve évidemment que votre sagesse a été surprise par des calomnies atroces. Nous ne chercherons pas à connaître ceux qui les ont portées à Votre Grandeur ; mais nous connaissons fort bien les individus qui les ont composées, et les personnes qui les ont appuyées de leur crédit et de leur protection ont été induites en erreur comme vous. Nous devons à M. le Curé, nous nous devons à nous-mêmes un acte qui démontre combien il est faux *qu'il y a longtemps que son caractère ardent, impétueux, violent dans les propos, dans la conduite et jusques dans la chaire, lui ont aliéné les cœurs de cette paroisse.*

» M. Julien est un prêtre éclairé, vertueux, zélé, exerçant son ministère avec prudence et douceur; l'état de notre église, les conquêtes qu'il a faites à Dieu, tous les jours, rendent un témoignage honorable à l'influence heureuse de son ministère. M. Julien a tout fait pour gagner les cœurs de sa paroisse; ils sont tous à lui, excepté un très-petit nombre qui n'est pas digne de lui appartenir. Cette assertion n'a pas besoin d'autres preuves que celles qui résultent de nos signatures.

» Dire que M. le Curé a aliéné tous les cœurs de cette paroisse, c'est nous charger tous d'un sentiment odieux que nous ne pouvons pas supporter. Nous le déclarons devant Dieu et devant vous, Monseigneur, nous aimons M. Julien, notre Curé, et nous avons en lui une entière confiance, il a droit à toute l'affection de notre cœur, et le sien nous appartient. Nous espérons de votre bonté, Monseigneur, qu'éclairé par l'exposé simple mais vrai que nous avons l'honneur de vous présenter, vous rendrez à notre paroisse la justice qu'elle réclame avec confiance.

» Nous sommes, avec la vénération la plus profonde, de Votre Grandeur, vos fidèles ouailles de la paroisse de Cazouls-lès-Béziers. »

(Suivaient les signatures.)

Cette enquête, signée de presque tous les paroissiens, nous partîmes, trois personnes, pour la présenter à Mgr l'évêque de Montpellier. Nous restâmes deux jours dans cette ville, nous nous adressâmes aux grands-vicaires pour obtenir audience à l'évêché; mais, peine perdue, Mgr ne voulut ni nous recevoir, ni nous entendre. M. Julien fut donc obligé d'aller prendre possession de sa nouvelle cure de St-Jean-de-Védas et d'attendre sa justification plus tard. Il ne fut pas obligé, comme le fut son successeur, de payer des rouliers ou charretiers pour transporter ses meubles à Cazouls ; trois propriétaires de Cazouls s'offrirent pour les transporter à Saint-Jean-de-Védas avec leurs charrettes, et cela *gratis*. Mais Dieu punit bientôt les principaux calomniateurs de M. Julien, mais surtout l'ex-maire, qui mourut neuf mois après l'expulsion de M. Julien, le 16 décembre 1819, de sa maladie de poitrine, refusant d'entendre un prêtre de Béziers à l'article de la mort, lui tournant le dos, et mourant dans cet état, quoiqu'il connût bien ce qu'il faisait. Il n'y eut que cinq ou six personnes, et j'étais du nombre, qui accompa-

gnèrent son corps à l'église, et, pour porter le
drap d'honneur, on ne trouvait personne. On
fit sa fosse au cimetière trop courte, et pour
y faire entrer son corps, il fallut mettre la
tête en bas et les pieds en haut. Avant que M.
Julien nous fût enlevé de Cazouls, Marie-
Ange lui avait donné une image où il n'y avait
qu'une croix ; plus tard, elle lui donna un gros
bonbon sur lequel il y avait plusieurs croix.
Elle avait prédit aussi qu'il serait chassé de Cazouls. Avant que cela arrivât, il était écrit
dans un billet dicté à cette sainte fille par Notre-Seigneur Jésus-Christ ces mots, adressés
à M. Chaboud, curé de Lignan : » Si M. Julien
s'en va de Cazouls, tu peux dire que Cazouls
sera bien malheureux. » Je ne vois pas que,
jusqu'à ce jour, 1er juillet 1861, il ait été
bien heureux.

M. Julien était un prêtre selon Dieu, zélé,
véritable croyant, remplissant ses devoirs de
curé, de pasteur, avec une exactitude extraordinaire, soit à l'église, soit auprès des malades, sobre et surtout charitable. Il aimait
beaucoup les pauvres, point adulateur des
riches, mais toujours honnête et exact à ses
devoirs. Un jour, nous étions occupés tous
les deux à faire une délibération de fabrique ;
un pauvre vint nous trouver à sa chambre,
qui lui servait, comme je l'ai déjà dit, de sa-

lon et de cabinet, et qui n'avait ni porte d'entrée, ni escalier fermés. Il lui demande l'aumône pour l'amour de Dieu; M. Julien, qui était un peu vif, lui répond qu'il ne le pouvait pas pour le moment. Ce pauvre s'en retourna clopin-clopant par l'escalier; mais M. Julien, revenant à lui, se fait le reproche de l'avoir renvoyé ainsi; il me quitte alors, et va trouver le pauvre dans la rue, vis-à-vis la boutique d'un tailleur, qui entend que M. le curé dit à ce pauvre en lui donnant une poignée de monnaie: dites un *Ave Maria* pour moi. M. Julien donnait beaucoup aux pauvres, puisque ayant resté curé à Cazouls pendant cinq ans, il quitta ce village, endetté de la somme de 700 fr., somme qu'il me donna, après quelques années qu'il eût resté à Saint-Jean-de-Védas, pour remettre au sieur Jean Sèbe, de Cazouls, qui la lui avait prêtée. Il ne dépensait pas beaucoup pour sa nourriture, qui consistait principalement en pommes de terre et en légumes secs. M. Julien partit de Cazouls, malade d'une obstruction au foie, qui pouvait provenir des peines et soucis qu'il y avait éprouvés, ce qui ne l'a pas empêché de remplir ses devoirs de curé à Saint-Jean-de-Védas, pendant les dix ou onze ans qu'il y a vécu. Il venait voir M. Chaboud, curé de Lignan, dont il était le confesseur nommé par

Notre-Seigneur Jésus-Christ, dans les billets dictés à Marie-Ange ; mais comme beaucoup de personnes de Cazouls l'allaient voir à Lignan, lorsqu'elles savaient qu'il y était, M. le curé de Cazouls en écrivit à Mgr l'évêque de Montpellier, qui, d'après les raisons qu'il lui donna, signifia à M. Julien de ne pas aller si souvent à Lignan. Ce fut pour lui et pour le vénérable curé de Lignan une grande privation.

A Saint-Jean-de-Védas, on apprécia les vertus de M. Julien comme elles avaient été appréciées à Cazouls. Voyant son zèle pour le salut des âmes, sa piété, son assiduité à l'église, son affabilité, son désintéressement, le soin qu'il prenait pour instruire ses paroissiens des vérités de notre sainte Religion, soit dans ses prônes et catéchismes, soit en attirant les hommes chez lui, le soir, pour leur lire et commenter les livres saints ; tout cela contribua à ce qu'il fût très-estimé et aimé de ses paroissiens, n'y ayant pas de propriétaires riches comme à Cazouls. Aussi il n'éprouva aucune difficulté pour que la commune de Saint-Jean-de-Védas lui construisît un nouveau presbytère, l'ancien n'étant pas habitable. Ce ne fut qu'en 1830 que l'ancien maire lui suscita une persécution, qui ne fut pas néanmoins aussi forte que celle de l'ancien maire de Cazouls.

Quand M. Julien fut arrivé dans sa cure de Saint-Jean-de-Védas, il fallut qu'il se choisît un confesseur. Il consulta pour cela son ami, M. le curé de Lignan, qui l'engagea à s'adresser à M. Bastet, supérieur du grand séminaire de Montpellier, comme ayant été le plus grand instigateur auprès de Mgr l'évêque pour le faire partir de Cazouls. M. Julien obéit aux conseils de son ami, et fut se confesser à M. Bastet, qui, après plusieurs confessions de M. Julien, reconnut bientôt que les prêtres de Béziers l'avaient trompé; que tout ce qu'on lui avait écrit de lui n'était que des calomnies, et, se mettant à genoux devant M. Julien, il lui demanda bien pardon de tout ce qu'il avait dit à Mgr et au conseil de l'évêché contre lui, ayant été bien induit en erreur. M. Bastet et M. Coustou, grand-vicaire, durent parler favorablement de M. Julien à Mgr l'évêque, l'engageant à récompenser un saint prêtre, qui avait été tant persécuté, et qui était tant aimé dans sa nouvelle paroisse, puisque, quelque temps après, Mgr l'évêque le nomma curé de St-Pierre à Montpellier, première paroisse de son diocèse. M. Julien refusa cette belle cure; mais Mgr, en le nommant curé de St-Pierre, voulut lui donner une marque de confiance et d'estime, et lui faire voir qu'il était revenu de ses préventions envers lui.

Pendant le temps que M. Julien a été curé, soit à Cazouls, soit à Saint-Jean-de-Védas, il a eu toujours la même fille de service, la nommée Marie Massal, de Villeneuve, près Béziers, qu'il renvoya quelque temps avant sa mort, pour en prendre une plus jeune de St-Jean-de-Védas. Marie Massal était une bonne et brave fille, remplissant tous les devoirs de chrétienne, très-attachée à son maitre, ne s'occupant que de sa cuisine et du linge de M. le curé, ne s'avisant nullement des affaires de la paroisse, et laissant toujours M. le curé seul dans sa chambre avec ses marguilliers, ses amis et les personnes qui avaient à lui parler. Marie-Ange engagea beaucoup M. Julien à la garder toujours ; M. Julien se plaignant toujours des manières un peu brusques et violentes de sa fille de service, la renvoya néanmoins deux mois avant sa mort. Marie Massal n'accusa nullement son maître de son renvoi, parla toujours de lui en faisant son éloge, toujours pleine d'estime et de vénération pour lui, jusqu'à sa mort édifiante, qui arriva quinze ans après celle de M. Julien.

M. Julien ne se plaignit pas de sa maladie chronique du foie, pendant les dix premières années qu'il passa à Saint-Jean-de-Védas; mais après ce temps, son ventre devint plus gros, son visage devint plus jaune ; il souffrait davantage de son obstruction , et il fallut subir un traitement que lui ordonna un médecin de Montpellier , traitement qui ne l'empêcha pas de remplir ses devoirs de curé jusqu'à la veille de sa mort , qui arriva au commencement du mois d'août de l'année 1831 , jour où il m'écrivit une lettre où il y avait ces mots : « Mon cher ami , je vous écris de mon lit de mort ; si vous voulez me voir en vie , partez pour St-Jean-de-Védas tout de suite. » Cette lettre était écrite , signée et adressée de sa propre main. Je ne partis que le soir de la réception de cette lettre , et je n'arrivai à Saint-Jean-de-Védas que le lendemain , à huit heures du matin. M. Julien était mort la veille , et on l'avait porté à l'église sur un catafalque. Je vis d'abord son lit de mort , qui était un lit simple pliant placé dans son salon , les draps et les couvertures y étaient encore. Je fus après à l'église ; là , je contemplai sa figure , qui me parut plus belle qu'elle n'avait jamais été étant en vie. Tous les curés des villages voisins se rendirent peu à peu à Saint-Jean-de-Védas pour l'enterrement, qui se fit avec la plus grande pompe. M. le curé de Saussan, prédicateur distingué, fit, après l'évangile , son panégyrique, qui fut très-bien écouté et goûté, surtout quand il parla des vertus de ce saint prêtre, connues de tous les prêtres présents et de ses paroissiens. Le deuil était universel dans la paroisse ; même l'ancien maire, qui l'avait persécuté, le plaignait, le regrettait, et sa femme aussi, de tout leur cœur ; c'est ce dont j'ai été le témoin. Je m'en revins de St-Jean-de-Védas, le lendemain, n'apportant avec moi qu'une gravure de Notre-Seigneur Jésus-Christ, tirée d'un tableau de Raphaël, appartenant à M. Julien, devant laquelle Marie-Ange tremblait en l'apercevant, croyant voir Notre-Seigneur, son bien-aimé. M. Julien n'avait qu'un frère, qui était curé d'une paroisse du diocèse d'Alby. Il ne fut pas averti de sa maladie aiguë ; on ne lui écrivit que lorsque M. Julien fut mort. Il vint quelque temps après à Saint-Jean-de-Védas, où il fut bien accueilli de tout le monde ; mais s'il voulut emporter avec lui le peu de meubles qu'avait laissé son frère, il fallut qu'il payât cent écus que son frère devait. Parmi les reliques que possédait M. Julien, il y avait deux grosses aiguilles à lui données par Marie-Ange, qui avaient servi à Notre-Seigneur Jésus-Christ et à saint Jean-Baptiste, à s'exciter au martyre pendant qu'ils étaient bien jeunes. J'ai écrit au frère de M. Julien pour en savoir des nouvelles; il m'a répondu qu'il ne les avait pas trouvées parmi les reliques et les meubles de son regrettable frère. Quatre ou cinq ans après la mort de M.

Julien, M. Aoust, curé de Cazouls-lès-Béziers, se rencontra, à Montpellier à la retraite pastorale, avec M. Caizergues, curé de Saint-Jean-de-Védas, successeur de M. Julien. M. Caizergues lui dit : Vous êtes le curé de Cazouls, où M. Julien, mon prédécesseur, a été curé? Dites-moi, est-ce qu'on ne le regrette pas à Cazouls comme à Saint-Jean-de-Védas ? Quel prêtre il devait être ! Quel bien n'a-t-il pas fait à Saint-Jean-de-Védas ! J'en recueille tous les fruits. M. Aoust, qui m'a rapporté ces mêmes paroles, lui répondit qu'il en était de même à Cazouls, qu'on y avait apprécié ses vertus, surtout son désintéressement et l'influence heureuse de son ministère. M. Aoust, notre ancien curé, qui est actuellement retiré à Béziers, en me racontant tout cela m'ajouta, qu'à chaque récréation, pendant cette retraite, ils se joignaient et ne cessaient de s'entretenir des vertus d'un si vénéré curé.

Voici une lettre qu'écrivit M. Julien à Mademoiselle Billière, nièce de M. Gély, maire de Lignan, après la mort de son ami, M. Chaboud, curé de cette paroisse :

» Saint-Jean-de-Védas, le 29 Novembre 1825.

» Mademoiselle,

» Mon bon ami n'est plus! Que puis-je vous dire ? de pleurer, non ; de nous réjouir, c'est presque impossible à la nature, vu surtout que nous restons encore sur une terre de misère et de mort , et que nous nous y trouvons en quelque sorte orphelins par la perte que nous venons de faire. Mais, connaissant un peu ce qu'il souffrait ici-bas depuis longtemps, l'impatience où il était de nous quitter pour jouir de son Dieu , pour être associé aux chers objets de son amour et de tous ses désirs ; toutes ces considérations doivent nous engager à nous soumettre à la volonté divine et à nous réjouir selon le cœur de Dieu, comme il me le recommanda la dernière fois que j'ai eu le bonheur de le voir ; car , en me le disant, je vis bien qu'il connaissait que le moment de sa délivrance était proche et qu'il ne comptait pas que nous nous revissions . Je m'abstins de vous le dire clairement pour ne pas vous affliger davantage et pour entrer dans ses vues ; mais il me l'avait donné à connaître.

» Tâchons de nous consoler donc et même de nous réjouir en Dieu , en nous souvenant qu'il est mieux qu'avec nous; quand on aime sincèrement quelqu'un , on se réjouit du bonheur qu'il possède, on se tient heureux de son bonheur même. Voilà ce qui doit essuyer nos larmes et calmer un peu notre douleur , dans l'espérance de le revoir un jour, et de lui être associés pour nous réjouir ensemble. Je vous adresse ma lettre , mais je l'écris à toute la famille et à M. Mailhac.

» Daignez agréer vous-même et leur présenter à tous un nouvel hommage de tous mes respects, de ma reconnaissance , ainsi que le témoignage de ma douleur , avec lesquels j'ai l'honneur d'être, Mademoiselle , votre très-humble et très-obéissant serviteur.

» JULIEN , Prêtre.

» *P. S.* J'ose espérer que quelqu'un aura la bonté de me dire comment tout s'est passé le jour du décès. Vive l'amour de Jésus et de Marie ! »

Voici une autre lettre que M. Julien écrivit aussi, après la mort de M. Chaboud, à Mademoiselle Claire Chaboud , sœur de ce saint curé , le 27 décembre 1825.

« Vive l'amour de Jésus et de Marie !

» Mademoiselle ,

» J'ai reçu votre dernière lettre , qui m'a fait la plus sensible impression. Ah ! quel souvenir tout à la fois douloureux et consolant pour moi ! J'aimerai toujours ceux qui m'en diront quelque chose. Je recevrai avec le plus grand plaisir le cadeau qu'il m'a fait, plus à cause de son souvenir , qui demeurera gravé dans mon cœur , que pour tout autre motif ; crainte qu'il s'égarât , je vous prie de ne le confier qu'à des mains sûres.

» Je vous prie de présenter mes amitiés et tout ce qu'on peut dire d'un cœur tout dévoué à de vrais amis, à toute la confrérie , ainsi qu'à tous vos parents. Je vous le répète , comptez-moi au nombre de vos véritables amis. Je me ferai un sensible plaisir d'aller vous voir , comme vous le désirez, au printemps prochain, pour vous le prouver; je choisirai les jours les plus favorables pour cette visite , afin que ce soit toujours selon l'ordre et la volonté de Dieu, comme par le passé.

» Ayez bien soin du dépôt que vous êtes chargée de faire tenir à sa destination. Je suis bien désireux de savoir si la précieuse et inestimable relique qu'il portait l'a suivi dans la tombe , ou si par miracle elle a disparu , ou enfin s'il l'a fait mettre dans le dépôt pour être transmise à la même destination. J'oubliai de lui en parler lors de ma dernière visite. Si, par cas, il survenait pour vous , à ce sujet ou au sujet du dépôt , ou enfin au sujet d'autres choses , des doutes ou difficultés quelconques , vous pouvez en toute confiance m'écrire , et je me ferai un vrai plaisir de vous aider de mes petits conseils.

» Si, quand le dépôt sacré aura été transmis, vous voulez me le savoir dire , vous me ferez un sensible plaisir. Veillez bien au moins à ce que Satan ne vous joue pas le tour en la moindre chose.

» Martel ne m'a plus écrit depuis le jour de la transmigration de notre ami : je vous prie de lui faire tenir ma lettre.

» Notez bien : à l'avenir soyons bien exacts à nous accuser la réception de nos lettres , quand les occasions nous feront écrire. Mettons tout entre les mains de la divine Providence, qui ne nous abandonnera pas.

» Daignez agréer et présenter mes respects à tous vos parents. Je vous salue dans les sacrés cœurs de Jésus et de Marie et en l'amour de tous nos saints amis.

» Saint-Jean-de-Védas , le 27 décembre 1825.

» Julien , Prêtre. »

RÉFLEXIONS DIVERSES

FAISANT SUITE A LA VIE DE

MARIE-ANGE.

1° La sainte Église, toujours conduite par le Saint Esprit, a dit à la Sainte Vierge, Mère de son divin Époux : « Le Seigneur m'a possédée dès le commencement de ses voies. J'ai été établie dès l'éternité, avant que la terre fût créée.

» Je suis sortie la première née de la bouche du Très-Haut, avant toute créature ; j'ai été créée dès l'éternité et avant tous les siècles; je ne cesserai d'exister qu'au siècle futur. Heureux celui qui m'écoute ! Celui qui m'aura trouvée, trouvera la vie et son salut dans le Seigneur ; mais celui qui péchera contre moi blessera son âme. Tous ceux qui me haïssent aiment la mort. »

Ces paroles du 24ᵐᵉ chapitre de l'Ecclésiastique, appliquées à la Sainte Vierge, pourraient bien être appliquées aussi à l'Église, Épouse immaculée de Notre-Seigneur Jésus-Christ.

2° Il est écrit dans les billets dictés à Marie-Ange par Notre-Seigneur Jésus-Christ et sa divine Mère qu'elle est la figure de l'Église, la véritable Épouse des Cantiques. Anne-Catherine Emmerich dit, dans ses révélations sur la Passion de notre Sauveur Jésus-Christ, que, pendant la flagellation, elle vit saint Joseph sous la figure d'un enfant, qui lui parla de la sainte Église, et que dans ce qu'il lui en dit, il y avait un long et touchant tableau de sa naissance et de son développement sous des formes enfantines. Mgr Pie, évêque de Poitiers, dit que l'Église a un corps et un esprit comme Notre-Seigneur Jésus-Christ, comme les hommes, et une demeure et une cité et une patrie. Mgr Thibault, évêque de Montpellier, dans son mandement du carême de 1855, appelle la sainte Église, fille du ciel, ayant comme Notre-Seigneur Jésus-Christ deux éléments, l'un divin, l'autre humain. Saint Paul a dit que le Christ est la tête de l'Église, qui est son corps, et nous nous sommes les membres de ce corps; c'est-à-dire, que l'Église est notre Mère, et nous nous sommes ses enfants.

3º Dans le 21me chapitre de l'Apocalypse, saint Jean dit, verset 2me : « Et moi, Jean, je vis la ville sainte, la nouvelle Jérusalem, qui venant de Dieu, descendait du ciel, étant parée comme une épouse qui se pare pour son

époux. » Verset 9me, saint Jean dit aussi :
» Il vint aussi un des sept anges, qui tenaient
les sept coupes pleines des sept dernières plaies;
il me parla et me dit : « Venez, et je vous mon-
trerai l'épouse qui a l'Agneau pour époux. »
Les saints pères s'accordent à dire que les
psaumes 44, 45 et 86, que l'on récite dans
le second nocturne de l'office de la sainte Vierge,
s'appliquent aussi parfaitement à la sainte Église. *Lingua mea calamus scribæ velociter scri-
bentis...... Astitit Regina à dextris tuis in
vestitu deaurato, circumdata varietate......
fluminis impetus lætificat civitatem Dei......
Gloriosa dicta sunt de te civitas Dei.*

4° La sœur de la Nativité, religieuse au couvent des Urbanistes de Fougères, vit, dans une
vision, la sainte Église à genoux devant les
trois personnes de l'adorable Trinité, sous la
figure d'une vierge de toute beauté, présentant un grand calice à demi plein de sang ; la
vierge était environnée d'un nombre infini de
chrétiens généreux, qui paraissaient tous ses
enfants, tant ils avaient de respect et d'amour
pour elle. Ils étaient disposés à sacrifier leur
vie et brûlaient de répandre leur sang pour la
même profession qu'elle venait de faire pour
tous. La sœur de la Nativité vit aussi un beau
jardin rempli de petites fleurs blanches, d'u-
ne odeur suave et d'une beauté ravissante ; fi-

gure du paradis terrestre , et après l'avoir admiré, tout-à-coup elle y vit entrer la plus belle vierge qu'elle ait jamais vue ; on lui dit que c'était la *vraie épouse des cantiques* , et elle comprit que cette expression pouvait s'appliquer à la divine Mère de Jésus-Christ aussi bien qu'à son Église même. L'épouse , ou la belle vierge , était accompagnée de son divin époux. Vous êtes toute belle, ma bien-aimée , disait le saint époux , je ne vois point de tache en votre personne , et voilà pourquoi je vous aime éperdûment. La sœur de la Nativité finit par conclure de cette vision : que l'Église de Jésus-Christ doit être regardée comme la vraie épouse des cantiques.

5° Le prophète Jérémie , dans le chapitre 3ᵐᵉ, verset 14ᵐᵉ, dit : *Convertimini filii revertentes dicit Dominus, quia ego vir vester; et assumam vos unum de civitate, et duos de cognatione, et introducam vos in Sion.* Maintenant , si l'on veut appliquer ce verset à Marie-Ange, figure de l'Église, la véritable épouse des cantiques, il faut croire qu'elle est cette épouse que Dieu s'est choisie pour introduire Israël et Juda dans Sion. Le prophète Jérémie, dans le 31ᵐᵉ chapitre , verset 22ᵐᵉ , dit : *Usquequò deliciis dissolveris filia vaga? quia creavit Dominus novum super terram ; femina circumdabit virum.* Quoique les commentateurs appliquent ce verset à la sainte Vierge, disant : qu'une vierge, sans la participation d'aucun homme, enfermera dans son chaste sein un fils, on peut bien l'appliquer aussi à Marie-Ange, car dans la vie des saints on n'a jamais vu ni connu une sainte qui ait reçu, de la part de Notre-Seigneur Jésus-Christ et de sa divine Mère, autant de baisers de leur bouche, qu'elle en a reçu pendant sa vie. D'ailleurs, qu'on finisse de lire le chapitre 31me des prophéties de Jérémie, et l'on verra que quand ce prodige nouveau : *femina circumdabit virum* s'accomplira, la conversion des Juifs sera presque immédiate, car le verset 23me, qui vient après, annonce à la lettre le rétablissement d'Israël et de Juda, qui doivent, après le retour de la captivité, demeurer ensemble paisiblement ; et le verset 33me dit : *Sed hoc erit pactum quod feriam cum domo Israël post dies illos, dicit Dominus : dabo legem meam in visceribus eorum, et in corde eorum scribam eam, et ero eis in Deum et ipsi erunt mihi in populum ;* ce qui s'accorde avec ce que dit saint Jean dans le chapitre 21me, verset 3me : *Et audivi vocem magnam de throno dicentem : ecce tabernaculum Dei cum hominibus, et habitabit cum eis : et ipsi populus erunt, et ipse Deus cum eis erit eorum Deus.* Ce qui prouve que c'est de la fin du monde qu'il s'agit , c'est que le verset qui vient après dit : *Et absterget Deus omnem lacrymam ab oculis eorum et mors non erit, neque luctus , neque clamor , neque dolor erit ultrà quia prima abierunt.*

6° L'Église est une réunion d'âmes choisies, renouvelées par la grâce , et toutes embrasées de l'amour de Jésus-Christ mort pour elles et vivant dans elles, qui regardent le monde comme l'objet de leur haine , les travaux comme leur exercice , cette vie comme un exil , et le ciel dans lequel elles habitent déjà par l'espérance , comme leur patrie. Mais , parmi ces âmes choisies, il y en a une qui est leur reine, comme le donne à entendre le psaume 44 , puisque dans deux de ses versets il est dit : Que cette Reine-Épouse sera suivie de vierges, ses compagnes : *Adducentur regi virgines , post eam proximæ ejus afferentur tibi......Afferentur in lætitiâ et exultatione, adducentur in templum regis.* Cette reine est la vraie épouse des cantiques , et l'Église doit être regardée comme la vraie épouse des cantiques. Ces paroles : *Tota pulchra es , amica mea , et macula non est in te ,* du cantique des cantiques , ne peuvent strictement s'entendre que d'une créature en qui le péché n'aurait jamais eu lieu et dont la conception aurait été immaculée. Or , nous prouvons par témoins la nais-

-sance miraculeuse de Marie-Ange et l'état miraculeux de son corps; tous les témoins disent qu'elle n'a jamais fait le moindre péché véniel; donc il faut conclure qu'elle est la figure de l'Église, la véritable épouse des cantiques, comme le portent et le disent les billets qu'elle a écrits pendant les annnées 1816, 1817, 1818; mais cette épouse est une éclatante beauté qui vient de Dieu même; elle reconnaît humblement que, par elle-même elle n'a que le péché, et qu'il n'y a que Dieu seul, qui de l'Église du ciel et de la terre, c'est-à-dire, des anges et des hommes, ne fera qu'une même Église, lorsque le premier état des choses sera passé. Saint Bonaventure a dit dans un de ses psaumes: *Gloriosum tuæ virginitatis sanctissimæ partum : homines angelorum fiunt socii et convives.*

7° J'ai dit, dans la Vie de Marie-Ange, que les billets annonçaient qu'elle était aussi ange incarné. D'abord son nom le ferait présumer ; elle est née le 2 octobre, fête des Saints Anges Gardiens, comme elle est morte aussi le 18 novembre, fête de la Dédicace de l'Église de saint Pierre et saint Paul, les billets annonçant aussi qu'elle est la figure de l'Église. C'est un ange qui a formé son corps avec du limon, et l'a transportée et placée d'un lieu à un autre, et l'a nourrie dans le sein de sa mère. Marie-Ange l'appelait son cher père l'ange ; elle le voyait souvent et conversait avec lui, quelquefois en notre présence ; elle portait à l'un de ses doigts un anneau que les billets disaient être de son père l'ange.

8° Marie-Ange a vécu sur la terre 19 ans, 1 mois et 16 jours ; en calculant et comptant un an pour un siècle, cela nous porterait vers l'année 1912, époque où les prophéties et les grands publicistes de notre temps s'accordent à annoncer la venue ou le règne de l'Ante-Christ et la destruction de la Papauté ou du Saint-Siége à Rome. Saint Paul a dit dans ses épitres : » N'éteignez pas l'esprit, ne méprisez pas les prophéties, éprouvez tout et approuvez ce qui est bon..»

9° Dieu connaît beaucoup de choses de fait que nous ignorons ; rien ne l'empêche de les faire connaître, s'il le juge à propos, et si le récit qui nous en est fait par les personnes à qui il aurait plu d'en manifester quelque chose ne contient rien de contraire à la doctrine de l'Église, on est libre sans doute de n'y pas donner son assentiment ; mais il faudrait avoir des preuves directes pour accuser la personne de témérité, surtout si la sainteté de sa vie demeure incontestable. Qui ne voit que toute révélation nouvelle devient inutile, si, pour qu'elle mérite créance, il est nécessaire qu'elle ne porte que sur des choses dont on a déjà ouï parler ? Une révélation consiste dans la manifestation des choses cachées et inconnues. Ce n'est pas ainsi qu'ont agi envers Marie-Ange certaines personnes et surtout certains prêtres. Avant de se moquer des choses extraordinaires qui se passaient de 1815 jusqu'en 1818 à Lignan , et de traiter d'imbécile M. Chaboud, curé et père spirituel de Marie-Ange , ils auraient dû s'en informer et les examiner mieux qu'ils ne l'ont fait , ils auraient dû s'adresser aux personnes et témoins oculaires dont le nombre , le caractère , la probité commandent la confiance ; mais sans aucun de ces témoins , sans preuves directes, accuser Marie-Ange de témérité , aucune personne raisonnable n'approuvera , je le pense , une pareille conduite. Plusieurs de ces prêtres sont morts , mais ils soufflé leur opinion sur ces choses extraordinaires à d'autres jeunes prêtres , qui reconnaîtront , je l'espère , qu'ils ont été induits en erreur et voudront les mieux examiner , puisque jusqu'à présent il n'existe pas un seul prêtre qui ait connu ou entendu parler de M. Chaboud , curé de Lignan , qui ne dise que c'était un saint prêtre.

10° Plusieurs personnes ont dit : Qu'avant de croire d'une foi humaine , c'est-à-dire qu'ayant d'admettre comme vrais des faits ayant

un caractère merveilleux , il faut suspendre
son jugement et réserver son adhésion , jusqu'à ce que l'Église ait prêté l'infaillibilité de
son appui à ces faits ; et ils ont cru bien servir
les intérêts de l'Église en ne les accueillant qu'a-
vec le sourire de l'incrédulité et le dédain de
l'ironie. D'autres personnes ont pensé que, par
ménagement pour l'esprit philosophique et ra-
tionaliste qui glace notre siècle, elles devaient
tenir leurs convictions cachées et se contenter
d'un silence respectueux. Je dirai aux premiers
que , pour croire d'une foi humaine, l'intervention juridique de l'Église n'est nullement
nécessaire , tant qu'on ne prétend pas ériger
ces faits en dogmes de foi , ni pour soi , ni
pour autrui; que, tant qu'ils ne sont pas frappés par les censures de l'Église , ces faits ,
s'ils réunissent d'ailleurs les conditions de cré-
dibilité admises comme suffisantes dans les circonstances ordinaires , comme, par exemple,
si on est moralement sûr que les témoins ne
sont pas trompeurs et n'ont pas été trompés ,
doivent être crus humainement , et que nul ,
sans blesser les droits de la raison , ne peut
pas leur refuser son adhésion; que l'intervention extraordinaire du ciel dans les choses humaines existe comme fait historique , incontestable , souvent très-longtemps avant d'être
solennellement reconnue par l'Église , dont la

sage procédure est très-lente dans des cas semblables ; et que, par conséquent, elle peut et
doit être reconnue individuellement, même
avant la décision de l'Église, lorsqu'elle est reconnue authentique par les voies ordinaires ;
que l'Histoire ecclésiastique fourmille de faits
semblables, sur lesquels l'Église a cru devoir
s'abstenir, et dont cependant la vérité est assez
généralement admise par les catholiques, et
qu'enfin, dans le doute, le bon sens et la religion commandent de leur épargner l'arme du
mépris et de la raillerie. Je dirai aux autres,
avec saint Paul, que la prudence du siècle est
l'ennemie de Dieu, et avec l'ange Raphaël,
que s'il est bon de cacher les conseils mysté-
rieux du roi, il est honorable de dévoiler et de
publier les merveilles de Dieu, et que ce serait
vouloir être plus sage que Dieu lui-même, et
nuire à la religion au lieu de la servir, que de
prétendre cacher des œuvres divines, quand le
ciel les manifeste publiquement. Ce serait en-
courir le reproche de saint Paul à Céphas, d'u-
ser de trop de circonspection.

11° La sainte Église, dont Marie-Ange est
la figure, a été, avant tous les siècles, renfer-
mée dans la pensée de l'Éternel ; sa conception
dans les idées divines a été pure et sainte ; or,
comme ce qui se passe dans le temps n'est que
l'exécution des décrets éternels de Dieu, ne

s'ensuit-il pas évidemment que Marie-Ange , dans le sein maternel, fut immaculée, comme elle le fut éternellement dans le sein de Dieu? S'il n'en était pas ainsi, Marie-Ange aurait été créée dans une condition inférieure à la condition des anges et de nos premiers parents qu'il avait créés dans l'état de sainteté.

12º Plusieurs savants , médecins , physiciens , ont bien voulu expliquer ces choses extraordinaires d'après les sciences humaines. Ils n'ont pu expliquer les opérations du magnétisme , qui n'est qu'un magie dévoilée ; comment auraient-ils pu expliquer les miracles de Lignan? Répétons avec Linton, protestant américain , ce qu'il a écrit dans son livre , page 48 : En vérité , tout miracle est plus facile à croire que les explications naturelles de ces savants.

15º Il est glorieux , disait l'ange Raphaël à Tobie , il est glorieux de révéler les œuvres de Dieu , afin que tous reconnaissent qu'à lui seul appartient la louange , l'honneur et la gloire. Saint François de Sales , et avec lui le bienheureux Henry-Marie Boudon , écrivent qu'après ce que nous croyons de la foi d'un Dieu fait homme , qui , non content de souffrir et de mourir sur l'arbre ignominieux de la croix pour notre salut , veut bien encore nous donner son corps et son sang en nourriture et rester avec nous jusqu'à la fin des siècles , il n'y a plus rien de difficile à croire dans les vies des saints.

14° Mgr Pavy , l'illustre et pieux évêque d'Alger , a dit du sublime mystère de la naissance de notre aimable Sauveur les paroles suivantes : « Où trouver des paroles pour exalter le plus profond , le plus sublime , le plus touchant , le plus inconcevable des mystères , celui qui est la clef de voûte de tout le christianisme et le salut descendu visiblement sur la terre ?...... » Et s'adressant à la sainte Vierge , il a dit : « Mais qui pourrait aussi exalter les ravissements de joie divine qui remplirent votre âme , ô Marie , notre mère , à l'accomplissement merveilleux de votre enfantement divin ; car qui pourrait comprendre que votre fils soit sorti de votre sein sans faire aucune lésion à votre intégrité virginale ? Pour moi , je le crois fermement avec l'Église , et j'en ai pour preuve des miracles aussi éclatants. Le même Jésus-Christ n'est-il pas sorti du tombeau fermé et scellé , au jour de sa résurrection ? N'est-il pas entré peu de jours après dans le cénacle, où tous les apôtres étaient enfermés, sans ouvrir ni portes ni fenêtres ? Quelle difficulté plus grande pourrait m'empêcher de croire que Jésus est sorti de votre sein , en vous conservant toujours vierge ? Les anges fu-

rent seuls témoins de cette merveille des merveilles, car seuls ils remplissaient l'étable de
Bethléem. Marie n'eut besoin du secours d'aucune créature, et tout se passa dans la plus
grande pureté. L'évangéliste saint Luc nous apprend que la sainte Vierge n'eut besoin d'aucun secours étranger pour son enfant, et sainte
Brigitte, dans ses admirables révélations, qui
sont si approuvées de l'Église, dit : Qu'il parut en un instant devant elle, sans qu'elle se
fût aperçue de rien. »

15° Le bienheureux Henry-Marie Boudon,
archidiacre d'Évreux, dans une de ses lettres,
parle beaucoup des faveurs étonnantes que la
sainte Vierge accordait au bienheureux Hermann, de Cologne, appelé le pieux écolier de
Marie; je vais donner quelques extraits de cette
lettre où l'on verra que ces faveurs sont presque aussi surprenantes que celles que notre
bonne Mère a accordées à Marie-Ange. Le bienheureux Henry-Marie-Boudon dit, dans cette
lettre : « Que la sainte Vierge conversait fa-
milièrement avec le bienheureux Hermann,
dès sa jeunesse, pendant qu'il était écolier ;
comme il était pauvre, elle lui donnait de l'argent pour subvenir à ses besoins. Elle faisait
avertir dans les lieux où il allait, que l'on eût
à l'y bien recevoir ; elle prenait soin de lui dans
ses maladies comme une charitable infirmière;

elle l'appelait très-souvent, elle en prenait des soins si doux, elle lui marquait tant de bontés si ravissantes, qu'il n'y a point de paroles qui puissent l'expliquer ; et donnant à Hermann le nom de Joseph, elle lui accorda la qualité glorieuse de son époux, toute triomphante qu'elle est dans le ciel, et cela en présence des saints anges. Le saint d'Évreux finit par dire : « Mais Hermann n'a pas été le seul qu'elle a pourvu d'argent dans ses besoins. » (1)

16° Ce qui fait que nous ne concevons rien aux communications de Dieu avec ses créatures, c'est que nous manquons de simplicité et d'humilité, et que tandis que Dieu cache ses mystères à l'orgueilleux, il les découvre à celui qui s'humilie et qui marche en sa présence dans la simplicité d'esprit et de cœur. Ce n'est point qu'il faille donner sa créance à tous les faits de prime-abord, lorsqu'ils ne rentrent point dans l'enseignement de la doctrine catholique, puisqu'ils ne peuvent alors être appuyés que par des autorités humaines ; mais c'est précisément en les admettant, pourvu toutefois qu'il n'y ait rien d'hétérodoxe et qu'ils

(1) Voyez, sur les visions du bienheureux Hermann, le Dictionnaire de Mystique chétienne, de M. l'abbé Migne, col. 1500, et les deux ouvrages intitulés : *Les Enfants de la Mer*, et *Les Légendes d'Allemagne*.

ne renferment rien de contradictoire, que nous glorifions davantage Dieu et sa très-sainte Mère, parce que nous rendons témoignage à l'action surnaturelle de la Providence divine sur le monde. Saint Alphonse-Marie de Liguori regardait comme la marque d'une rare vertu l'admission du merveilleux, et, dans un sens contraire, comme le signe d'un esprit pervers la répulsion et le mépris des faits surnaturels en ce qui concerne la piété chrétienne, et qui sont rapportés par de graves auteurs. « C'est, disait-il, ou infidélité dans celui qui les juge impossibles à Dieu, ou témérité dans celui qui refuse de croire de pareils auteurs. » Cette croyance est, d'après ce grand docteur, l'un des hommages les plus agréables à la divine Marie.

17° Marie-Ange était innocente comme nos premiers parents dans le Paradis, ayant été formée du limon comme notre premier père Adam, et n'ayant pas été conçue dans le sein de sa mère, d'après ce qui est écrit dans les billets ; c'est pour cela que son intelligence était pure et droite ; que, comme la nôtre, elle n'a pas été enveloppée dans une nuit d'épaisse ignorance ; que, son cœur n'a jamais été, comme le nôtre, soumis aux lois de la concupiscence ; et que sa chair virginale n'a pas eu, comme la nôtre, les dangereuses et fatales séductions des sens. Aussi , dans ce monde d'iniquité , elle a pu arrêter les yeux de Dieu qui , admirant en elle ses grâces , a pu lui appliquer ces mots du cantique : Que tu es belle , ô ma bien-aimée , que tu es belle !

18° Cher lecteur , quand vous aurez lu la Vie de Marie-Ange , où je n'ai écrit que ce que j'ai vu , connu, et ce qu'on m'a rapporté ; quand vous aurez lu les billets qu'elle a écrits pendant les années 1816 , 1817 , 1818 , vous y reconnaîtrez l'amour de Notre-Seigneur Jésus-Christ pour l'Église , son épouse immaculée , les souffrances dont il l'afflige pour l'expiation de nos péchés, les conseils qu'il donne à son bienheureux Vicaire pour la bien conduire , etc. ; vous y reconnaîtrez aussi l'action sensible et incessante de la sainte Vierge, notre divine Mère , Reine de l'Église , dont le pied puissant écrase la tête du démon, et dont la main invisible prépare , dispose , dirige , coordonne tous les événements pour le triomphe de la sainte Église. Ah ! prions pour ce triomphe , pour l'exaltation de notre sainte Église ; disons souvent : Seigneur , laissez-vous fléchir par les prières de votre divine Mère et de votre Église ; regardez-nous avec des yeux de miséricorde ; que l'exaltation de la sainte Église soit le principal objet de nos œuvres , de toutes nos prières ; consacrons-lui le peu de talents et de biens que nous pouvons avoir ; et soyons persuadés que, si nous prions avec foi et confiance, nous obtiendrons ce triomphe, cette exaltation de la sainte Église, universellement attendus, après l'Immaculée Conception proclamée comme dogme de foi.

19° La sainte Vierge est élevée au-dessus de l'Église, parce qu'elle est sa mère, étant la Mère de Notre-Seigneur Jésus-Christ. Elle est la Reine de l'Église, étant la Reine du Ciel et de la Terre, la Reine des Anges et des Hommes. Elle est au-dessus de la sainte Église, parce qu'elle a renfermé dans son sein Celui que le Ciel et la Terre et tout l'Univers ne peuvent contenir ; parce qu'elle est la Mère de la grâce divine, Mère du Créateur, du Sauveur, du Rédempteur des hommes, la cause de notre joie, l'arche d'alliance, la porte du ciel, le salut des infirmes, le refuge des pécheurs, le secours des chrétiens, la providence de l'Église ; donc la dignité à laquelle Dieu a élevé Marie appartient à l'ordre le plus élevé, puisqu'elle touche à l'union personnelle du Verbe divin avec notre nature, puisque Marie, en communiquant la vie humaine au Verbe éternel, obtient en elle-même une vertu en quelque sorte infinie, qui la rapproche de Dieu. Cette vertu ne lui fait-elle pas, en effet, engendrer dans le temps celui que le Père éternel engendre de toute éternité dans la splendeur des cieux ?

Aussi saint Bernard a prononcé une grande et belle parole, lorsqu'il a appelé la sainte Vierge l'ouvrage souverain au-dessus de tout ce qui n'est pas de Dieu : *Opus quod solus artifex supergreditur.*

Saint Bernard, dans ses écrits, parlant du corps mystique de l'Église, dit : « Qui donc est de ce corps mystique la tête et le chef ? *caput autem Christus*, Jésus-Christ lui-même. A qui attribuons-nous les fonctions du cou, qui tient à la fois de la tête et du corps? Qui reçoit de la tête pour répandre dans tous les membres l'influence et la vie ? A Marie conviennent ces fonctions ; telle Marie est au-dessus du reste de l'Église, corps mystique de Jésus-Christ. »

Extraits *de plusieurs lettres que j'ai reçues d'un Prêtre très-pieux et instruit, auquel j'ai communiqué mon ouvrage et ai demandé des conseils.*

—

Voici ce qu'il m'écrit dans sa première lettre du 26 Septembre 1860. « Je vous conseillerais de faire imprimer la vie de cette sainte fille, mais après l'avoir fait examiner par un ou deux prêtres très-pieux et très-instruits pour s'assurer s'il ne s'y trouve rien contre le dogme et la morale chrétienne. Une fois imprimé, vous en enverriez un ou deux exemplaires à la Sainte Congrégation de l'Index, et si sa réponse se faisait trop attendre, vous la publieriez avec la disposition dans laquelle vous êtes de tout soumettre au jugement du bienheureux Vicaire de Jésus-Christ. »

Dans sa seconde lettre, datée du 5 Juillet 1861, il m'écrit : « Je désire, M. le docteur, voir couronner les efforts de votre piété; quoi qu'il en soit, je serais très-heureux d'en apprendre le résultat : vos intentions n'ayant, du reste, que la gloire du Seigneur en vue, vous serez toujours largement récompensé dans l'autre vie de l'entreprise que vous ayez commencée. Celle dont vous plaidez la cause vous obtiendra des grâces nombreuses de Jésus et de Marie, en retour des efforts que vous faites pour la glorifier, car, dans tous les cas, elle me paraît avoir été une vraie servante du Seigneur. »

Dans sa troisième lettre, datée du 4 Janvier 1862, il m'écrit : « J'ai lu avec un vif plaisir les nouveaux détails sur l'affaire que vous poursuivez avec tant de zèle. Ces détails prouvent, d'un côté, tant de louables efforts que vous faites pour en accélérer le succès ; et de l'autre, que vous êtes en bonne voie de réussir, ce que je désire vivement. Il me semble que cette sainte cause a fait un pas immense, dès l'instant où une congrégation romaine juge à propos de la transmettre à une autre congrégation qui paraît être plus compétente. Je n'ai rien à cœur comme de connaître tous les résultats que vous obtiendrez. D'ici je vous suis dans toutes vos démarches par mes désirs et mes prières. Vous me faites l'honneur de me consulter pour savoir si vous pouvez remettre à quelques amis le livre de Marie-Ange, avant d'avoir obtenu la permission de le publier. Je ne vois pas que cela ne puisse se faire, puisque c'est moins ici une publication proprement dite d'effets surnaturels et nouveaux, qu'une communication faite à quelques amis avec lesquels on est dans l'intimité. Cependant , comme chaque diocèse a des statuts particuliers , je vous conseille auparavant de consulter un prêtre éclairé du diocèse dans lequel vous êtes, et qui vous dira très-certainement si le droit particulier de ce pays s'oppose à vos intentions. Indépendamment de cela, je ne vois pas comment vous pourriez être répréhensible de faire lire des choses que tout le monde connaît dans vos contrées , et que tout le monde sait et répète tous les jours de vive voix...... J'ai transmis, il y a quinze jours, une partie de mon ouvrage à Mgr notre vénérable Évêque , qui a bien voulu accepter d'en examiner le contenu. J'ignore moi aussi quand est-ce que je serai en mesure de publier tout mon ouvrage qui sera au moins de cinq cents pages in-octavo et traitera des matières passablement difficiles et relevées. Je réclame toujours, pour le succès de l'œuvre de l'Exaltation, la ferveur de vos prières et des prières de ceux qui sont agrégés à l'œuvre et qui doivent à votre piété et à votre amour pour la sainte Église d'être les co-fondateurs d'une confrérie que j'espère voir s'étendre bientôt rapidement dans tout l'univers...... »

 .» Je ne sais , si vous avez remarqué , depuis la publication de mes articles dans le *Rosier de Marie* , que ce journal est revenu bien souvent sur la piété envers l'Église ; M.

Justin Fèvre, entr'autres, a donné des articles dans lesquels j'ai reconnu, il me semble, plus d'une inspiration tirée de ce que j'avais moi-même publié. Je bénis la très-sainte Vierge de ces symptômes qui se produisent partout, et qui semblent préparer les voies au triomphe prochain, triomphe dont la fête de l'Exaltation de l'Église ne sera que la véritable et solennelle expression. »

Dans sa quatrième lettre, en date du 3 Avril 1862, il m'écrit : « Je suis bien en retard avec vous, cependant je vous donne le premier moment que je trouve au milieu d'un peu de fatigue occasionnée par mon travail si dur et si assidu. Je ne puis que bénir le Seigneur de la persévérance qu'il vous donne pour faire aboutir l'œuvre que vous avez entreprise. Ne perdez jamais de vue cependant que si votre œuvre vient de Dieu, si elle est dans son conseil, il faudra qu'elle passe par le creuset des épreuves. Le retard qu'on met à se prononcer sur votre livre me paraît plutôt un signe d'espérance que rien autre. Cependant, permettez-moi de vous le dire : il pourrait se faire que la Sainte Congrégation condamnât votre livre, sans condamner en même temps le fait principal qui en est l'objet. Alors même que nous soyons animés des intentions les plus droites, nous pouvons glisser dans l'erreur et mê-

me compromettre une cause sainte en y mê-
lant, sans le vouloir, du nôtre, c'est-à-dire,
de nos défauts, de notre imperfection. Si vous
faites une nouvelle édition de votre livre, ayez
soin d'en retrancher ce qui pourrait avoir un
caractère de puérilité, ou ne paraîtrait point
avoir une importance majeure dans la cause
que vous avez en main.

» J'éprouve moi-même les plus grandes contradictions à l'évêché pour mon œuvre ; toutefois je ne me décourage point et je mets en
pratique les conseils qu'il me convient si peu
de donner aux autres. Mon ouvrage sera écrit
les neuf dixièmes en français ; il n'y aura en
latin que les questions les plus transcendantes
et qui méritent par cela même d'être traitées
avec plus de clarté et de précision. Si je ne
ne me fais point illusion, et si les données de
quelques-uns de mes amis sont justes, mon
livre ne peut que produire une grande sensa-
tion ; il sera, comme on dit, palpitant d'ac-
tualité ; il est cependant entièrement étranger
à la politique, et pour cela, à l'abri de toute
atteinte. Le fonds est entièrement théologique,
à l'exception du côté pratique qui a pour but
de prouver la convenance de l'Exaltation. J'ai
toujours compté sur la volonté de Dieu, sur la
protection de sa divine Mère, et après sur le
concours des âmes dévouées à la sainte Église,

des âmes aimant la sainte Église et son glorieux Chef visible , ce qui est de nos jours le cachet le plus visible de prédestination et le gage le plus assuré du salut. Bénissez le Seigneur qui vous a enrichi vous et votre famille de ces heureuses grâces. Veuillez ne jamais m'oublier dans vos prières et croire que je ne vous oublie pas dans les miennes et dans celle de Jésus-Christ au saint autel. »

Dans sa cinquième lettre , en date du 17 Juin 1862 , il m'écrit : « J'éprouve le besoin de m'entretenir quelques instants avec vous et de vous demander si vous n'avez plus eu aucune nouvelle touchant votre œuvre. J'ai vu quelquefois, dans le *Monde* , la nomenclature des livres qui venaient d'être condamnés par la Sacrée Congrégation , et comme vous m'aviez fait attendre à une condamnation du vôtre, j'éprouvais la plus vive satisfaction de ne pas le trouver dans le catalogue des proscrits. N'avez-vous donc plus eu des nouvelles , ce qui serait , selon moi , une bonne nouvelle ! Ou bien , qu'a-t-on fait ? Que se dispose-t-on à faire ? Sans doute vous avez donné quelque commission pour Rome à quelqu'un des nombreux pélerins qui sont allés , ces jours derniers , pour assister à la grande solennité ? Ce sera toujours avec le plus sensible plaisir que je recevrai des nouvelles de l'œuvre pieuse que vous poursuivez avec un zèle si louable et si digne, à mes yeux, que le Seigneur la récompense par le succès. Toujours est-il qu'il vous en tient compte , lui qui ne récompense pas le succès , mais la volonté , mais les intentions , mais les simples désirs.

» Et votre œuvre, me direz-vous, elle n'avance pas beaucoup ; cependant mon ouvrage va bientôt être terminé , et j'espère que le Seigneur avisera au moyen de faire aboutir son œuvre. Du reste , le divin Maître agit alors même que nous n'y pensons pas , et quelquefois un coup inattendu de sa puissance et de sa miséricorde vient donner la splendeur et la vie à ce qui ne paraissait point encore ou semblait mort. Rien n'est plus utile au succès des bonnes œuvres que les contradictions , surtout si elles viennent de là même où l'on croyait trouver des encouragements. C'est presque un gage assuré de succès , et jamais je ne compte tant sur le secours de Dieu, comme lorsque je vois des œuvres saintes en butte à toutes sortes d'oppositions.

» Le succès qui vient après cela s'explique en quelque sorte naturellement , c'est qu'au milieu des contradictions, les instruments que Dieu a choisis s'humilient et confessent bien , de pleine et entière conviction , qu'ils ne sont eux-mêmes capables de rien , qu'ils ne valent pas à autre chose qu'à détruire , et quand le Seigneur les entend dix fois par jour s'écrier : *Nisi Dominus œdificaverit domum, in vanum laboraverunt qui œdificant eam* , alors il se mêle de la partie et se met à édifier , et l'édifice et l'œuvre se font tous seuls ; c'est bien ce qui fait l'objet de mon attente. Il est pour moi de foi divine qu'un jour on instituera la fête de l'Exaltation. Dieu me l'a révélé , je le dis hautement ; je sais à quoi m'en tenir donc touchant le but que je poursuis ; mais peut-être aussi , après avoir travaillé toute ma vie à l'atteindre ce but , je ne le verrai réalisé que lorsque je serai dans le ciel , où j'espère bien aller avec la grâce de Dieu et sous la protection de Marie Immaculée.

» Veuillez me donner quelquefois de vos nouvelles , et agréez , en attendant , pour vous et votre pieuse famille , les sentiments dévoués avec lesquels je suis dans les S. S. cœurs de Jésus , de Marie et de Joseph ,

» Votre dévoué serviteur,

» J. C.

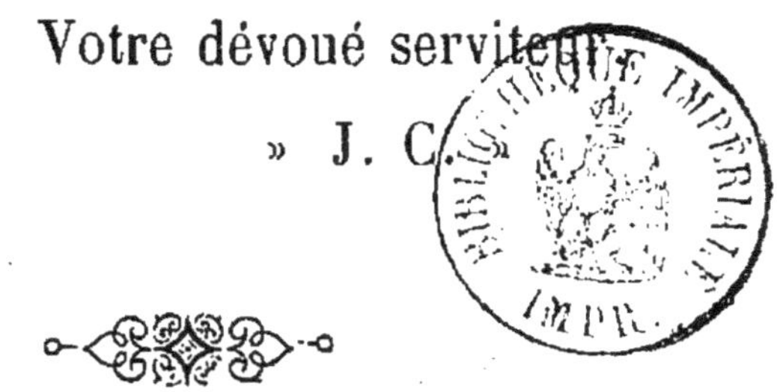

TABLE DES MATIÈRES.

BIBLIOTHÈQUE IMPÉRIALE IMPR.

www.ingramcontent.com/pod-product-compliance
Lightning Source LLC
Chambersburg PA
CBHW061307030726
47595CB00001B/243